SCENES
CHAMPÊTRES,
DU PARC
de
VERSAILLES.

LONDRES
1790

LES ENTRETIENS DE L'AUTRE MONDE.

DIALOGUE I.

INTERLOCUTEURS.

LOUIS XV, Le PRINCE de CONTI.

LOUIS XV.

Approchez, mon coufin; venez m'embraffer. Je fuis fans rancune ici, & fi vous éprouvez les mêmes fentimens que moi, je crois que nous allons être réunis pour toujours.

A

LE PRINCE DE CONTI.

De tout mon cœur, Sire. Je n'ai jamais eu d'é-
loignement pour votre perfonne facrée.

LOUIS XV.

Voilà un mot qui fent encore les remontrances.
Ah! de grace, ne m'en faites pas reffouvenir. Une
de mes confolations en ce lieu, c'eft de ne plus en
entendre parler.

LE PRINCE DE CONTI.

En ce cas, vous avez bien fait d'y defcendre, car
il en fera encore longtems queftion là-haut.

LOUIS XV.

Comment! Eft-ce que tout n'eft pas à préfent au
mieux poffible?

LE PRINCE DE CONTI.
Pas tout-à-fait.

LOUIS XV.

Que faut-il donc aux François? Ils ont un jeune
Roi fans paffions, ne voulant que le bien & ne s'oc-
cupant que de cet objet; une Reine adorable, divi-
ne, enchantereffe, faifant naître par-tout la joie &
les plaifirs; des Miniftres, au choix desquels a ap-
plaudi toute la nation; un Parlement fi defiré, qu'elle idôlatroit dans fa captivité: que leur manque-t-il
donc? . . . .

LE PRINCE DE CONTI.

Quant au Monarque, on l'aime, mais on le plaint
de n'avoir ni affez d'expérience pour gouverner par
lui-même; ni affez de fermeté pour exécuter les plans

qu'il a adoptés, ni affez d'amour propre pour ne pas permettre qu'on le faffe revenir fur ce qu'il a fait.

Louis XV.

Ce dernier point étoit furtout le vice radical de la fin de mon regne.

Le Prince de Conti.

Je ne fais, mais la Reine n'eft plus auffi adorée qu'au moment où elle eft montée fur le tróne. On lui a fçu mauvais gré de fon obftination à vouloir ramener le Duc de Choifeul fur le fcene ; on lui reproche un goût exceffif pour les frivolités, le luxe, la parure ; goût dont elle n'a pas befoin pour fe diftinguer, mais bien pardonnable à fon âge. On voudroit que fon ardeur extrème pour les fpectacles & les fêtes, que tant d'autres femmes auroient à fa place, ne l'engageât pas à fe mêler trop de ces détails indignes de Sa Majefté, à avoir trop de bonté pour les poëtes & les hiftoriens, à les admettre trop familierement chez elle.

Louis XV.

J'ai jugé qu'effectivement cette Princeffe ne plaifoit plus tant aux Parifiens, quand on m'a chanté les couplets infames qui ont paru à la fin de 1775.

Le Prince de Conti.

Oui ! quoique tout le monde détefte ces exécrables couplets, qu'on maudiffe l'écrivain facrilege de tant de calomnies, on les a lus, chantés, recueillis ; ce qu'on n'auroit pas fait deux ans auparavant ; il ne e feroit pas même trouvé de plume affez infernale pour les compofer.

A 2

L o u i s XV.

Malgré cela, je connois l'attachement exceffif du François pour mon fang. C'eft un chien fidele, qui revient toujours à fon maître, fans rancune des mauvais traitemens dont il l'accable. Que la Reine donne un Dauphin au Royaume, & l'on oubliera tous ces petits mecontentemens.

L e P r i n c e d e C o n t i.

Vous avez raifon, Sire. Cependant la Reine a fait à la nation un mal confidérable dont elle ne fe doute pas; à raifon de ce même dévouement, du defir de fe modéler fur elle & de lui plaire, la toillette des femmes eft devenue un objet de dépenfe fi prodigieufe, que la plûpart des maris ne pouvant y fatisfaire, beaucoup d'elles fe font fait des amans, afin d'y fubvenir. Malgré l'exemple édifiant que Louis XVI donne d'union & d'amour conjugal, elle a perdu les mœurs, autant que Médicis l'a fait dans fon tems.

L o u i s XV.

J'aurois cru que les confeils de l'Impératrice - Reine, fa mere, auroient corrigé ma petite bru de cette paffion des colifichets & des futilités.

L e P r i n c e d e C o n t i.

Cette Souveraine augufte a fait une leçon (*) à fa fille, qui, fans doute, auroit eu fon effet, fans l'a-

---

(*) Cette leçon eft une fable dans le goût de la prétendue lettre écrite par la feu Impératrice-Reine, lors du mariage du Roi avec l'augufte Marie - Antoinette. Cette leçon feroit tout au plus d'une petite Marquife à prétention;

dulation perverfe qui obféde toujours le trône. Elle lui a renvoyé un portrait, qu'elle lui avoit adreffé. Dans ce portrait l'aimable Antoinette, croyant mieux plaire à Marie-Thérefe, s'étoit faite repréfenter avec tous les détails de la galanterie dans lefquels nos faifeufes de modes font fi exercées & fi ingénieufes. *Vos ordres ont été mal exécutés*, lui marquoit l'Impératrice en lui renvoyant la caiffe : *Au lieu de la Reine de France, que je m'attendois à admirer dans votre envoi, je n'ai trouvé que la reffemblance & les entours d'une aĉtrice d'opéra. Il faut qu'on fe foit trompé.*

Louis XV.

On aura fait entendre, fans doute, à la Reine que c'étoit mauvaife humeur de fa mere, fcrupule de dévote, défaut de goût de la Cour de Vienne.

Le Prince de Conti.

Je vois que Majefté fe fouvient encore de l'adreffe perfide avec laquelle les Courtifans détruifent ainfi le fruit des meilleures réflexions.

Louis XV.

Au refte, tout cela ne feroit rien; quand la Reine mangeroit quelques millions & feroit faire quelques milliers de *cocus* de plus, l'Etat n'en iroit pas moins bien avec de bons Miniftres. Ceux-ci, par

comme la prétendue lettre foi-difant écrite à Monfeigneur le Dauphin, feroit celle d'une petite bourgeoife de Province à fon beau-fils, Marchand-Négociant à Paris. Note de l'Editeur.

A 3

leur adminiſtration, peuvent réparer beaucoup de maux particuliers. Où en ſont les votres?

LE PRINCE DE CONTI.

Ma foi! les choſes ſont à peu près comme vous les avez laiſſées.

LOUIS XV.

Quoi! Eſt-ce que Louis XVI n'a plus Maurepas, ce mentor qu'il a choiſi, tant célébré, tant exalté? J'avois conſervé toujours un foible pour lui; & quoique j'euſſe été forcé de l'exiler par complaiſance pour Madame de Pompadour, je n'ai pas été fâché d'apprendre qu'il fût revenu au timon des affaires.

LE PRINCE DE CONTI.

Il a manqué ſon coup. Il falloit qu'après avoir rétabli le Parlement, lorſque la nation étoit encore dans l'enthouſiaſme de ſon opération, il ſe retirât; il auroit joui d'une gloire qu'on n'auroit pu flétrir.

LOUIS XV.

L'exemple du Cardinal de Fleury l'a ſéduit. Il a eu l'amour-propre de croire que, moins vieux que cette Eminence, il ſauroit auſſi bien guider ſon pupile.

LE PRINCE DE CONTI.

Il auroit dû remarquer une différence ſenſible entr'eux: 1°. en ce que votre premier-Miniſtre en ayant véritablement le caractere, par ſon titre même opéroit déja entre les parties cette union, fruit ſi précieux d'une ſeule & unique adminiſtration: 2°. en ce qu'il n'avoit jamais été éloigné des affaires; qu'il les avoit toujours ſuivies depuis qu'il avoit

commencé à en tenir le fil, en forte qu'il en con-
noiffoit parfaitement la marche & les détails : 3°.
En ce que les circonftances n'étoient pas, à beaucoup près auffi difficiles ; qu'il ne falloit pas déve-
lopper au dehors autant de vigilance & d'énergie,
autant de fermeté & de conftance au dedans : 4°.
enfin, en ce que le Cardinal, moins livré à fes plaifirs, plus appliqué au travail, étoit foutenu dans fa
vieilleffe même, par le feu & l'activité de l'ambition, par cette ardeur de dominer, qu'il a confer-
vée jufqu'au tombeau.

L o u i s XV.

Il eft vrai que Maurepas ne fe tiroit d'affaire auprès de moi que parceque fon Miniftere ne lui coû-
toit aucune peine. La marine étoit abfolument dé-
labrée, & on la laiffoit dans fon anéantiffement.
Quand au Département de Paris, de la Maifon du
Roi, c'eft un jeu pour quiconque a de l'efprit &
de la facilité comme lui. Enfin, on ne l'immorta-
life donc plus, ainfi qu'on le faifoit dans les premiers momens ?

L e P r i n c e d e C o n t i.

Au contraire, on fe plaint qu'ils vivent trop longtems, lui & fa femme ; car fi celle-ci mouroit du
moins, on compte que le premier rentreroit bientôt
dans le repos qu'il aime.

L o u i s XV.

Sans doute, il n'a pas perdu le goût des bons
mots, des faillies, des quolibets des calembours.

Le Prince de Conti.

Ni leurs auteurs. Il s'en engoue autant qu'il peut. C'eſt un titre auprès de lui pour parvenir, même pour être Miniſtre.

Louis XV.

Mais Vergennes, Turgot, Saint-Germain ne ſont rien moins que plaiſans.

Le Prince de Conti.

Oh! il ne les choiſit pas tous de cette eſpece. C'eſt ſurtout à la tête de la juſtice qu'il les met: par exemple, vous ne ſavez peut-être pas ce qui a valu les ſceaux à M. de Miromeſnil.

Louis XV.

Je vous avouerai que lorſque j'appris qu'il les avoit, je fut fort embarraſſé de conjecturer pourquoi & comment.

Le Prince de Conti.

Eh bien! apprenez-le, Sire; c'eſt qu'il exécute parfaitement bien les rôles de *Criſpin*; qu'il a fort réjoui M. & Madame de Maurepas à Ponchartrain.

Louis XV.

C'eſt, à coup ſûr, quelque membre du parlement *Maupeou*, qui eſt allé déterrer cette anecdote. Au ſurplus, comment joüe t-il ſon rôle aujourd'hui? Eſt-ce qu'il feroit regretter le Chancelier?

Le Prince de Conti.

Ce qu'il y a de certain, c'eſt qu'il n'eſt aimé ni des tribunaux renvoyés, ni des tribunaux rétablis; qu'ils lui reprochent, les uns, d'en avoir trop fait, les autres, de n'en avoir pas aſſez fait, & tous, de les avoir

trompés fucceffivement. C'eft qu'il n'y a pas plus
de principes qu'auparavant; que les caffations, attri-
butions, évocations font auffi fréquentes, auffi légé-
rement, auffi arbitrairement, auffi aveuglément décernées; c'eft qu'en un mot, les loix font fans vigueur, font éludées, trangreffées, violées, prefqu'a-
vec autant d'audace & d'impunité.

Louis XV.

Il feroit plaifant qu'on regrettât Maupeou.

Le Prince de Conti.

Vous ririez bien davantage fi je vous difois qu'on
redemande l'Abbé Terray! Il eft vrai que ce ne font
pas les plus honnêtes gens, ni les plus éclairés, ni
les meilleurs patriotes. Cependant, il en eft de bonne foi, qui voyant que tout va de mal en pire, s'i-
maginent que celui-là ayant affaire à un maître vertueux & économe (le lieu me permet, Sire, ces vérités, dont vous conviendrez), auroit eu affez de
politique pour fe modéler fur lui, & affez de génie
pour exécuter les réformes que Louis XVI ne de-
mandoit pas mieux que de faire, pour les maintenir,
& en tirer parti, en les appliquant à l'amélioration
de nos finances.

Louis XV.

A propos de cela, j'ai, mon coufin, un compliment à vous faire. Avant de mourir, vous avez du
moins eu la confolation d'être débaraffé de ce Turgot qui vous déplaifoit fi fort?

Le Prince de Conti.

Il eft certain que j'ai cabalé comme un financier

pour fon expulfion : mais mes yeux fe font deffillés
ici. Je fuis obiigé de convenir que l'intérêt perfon-
nel, le reffentiment & la vengeance entroient pour
beaucoup dans mes fureurs contre lui.

LOUIS XV.

Vous penfez donc aujourd'hui que c'étoit un bon
Miniftre, qu'on a eu tort de renvoyer?

LE PRINCE DE CONTI.

Je crois d'abord que c'étoit un très honnête homme, qu'il vouloit le bien, & que c'eft la premiere
qualité effentielle dans la place de Contrôleur-Géné-
ral. Je vois enfuite qu'il avoit à cœur de foulager
le payfan & la claffe indigente du peuple ; qu'il
cherchoit à faire fleurir l'agriculture, les arts & le
commerce : point-de-vue trop précieux pour n'être
pas refpecté. Quant à la difcuffion des moyens qu'il
a employés, dès qu'on les avoit adoptés, il falloit
laiffer au tems à en confirmer la bonté ou le vice.

LOUIS XV.

Eh bien ! Eft-ce qu'on ne fuit pas fon plan?

LE PRINCE DE CONTI.

Vous favez mieux que moi, Sire, que jamais le
fucceffeur d'un Miniftre n'a marché fur les mêmes
traces. Celui de M. Turgot (Clugny) eft d'un fy-
ftême trop différent pour s'y être afservi. C'eft un
petit Abbé Terray dans fon genre, un génie fifcal fi
jamais il en fût, un perfonnage des plus débordés.
Il a amené avec lui de fon Intendance (de Bordeaux)
trois ou quatre fœurs, dont il infecte fon hôtel. On
affure qu'il couche tour-à-tour avec elles.

Louis XV.

Oh! c'est trop fort. Ce sont des plaisirs de roi, & qui ne sont pas réservés pour un particulier! Quoiqu'il en soit, comment ce Ministre-ci s'y prend-il pour travailler au grand œuvre de la libération des dettes de l'Etat?

Le Prince de Conti.

Je vous certifie que c'est ce qui l'embarrasse le moins. Il cherche seulement à se maintenir en place jusqu'à ce qu'il trouve occasion de se pousser ailleurs. Par exemple, parceque ne sachant rien de rien, il est devenu tout-à-coup Intendant de St. Domingue, & ensuite de la marine à Brest, il s'imagine être très au fait de ce dernier département.

Louis XV.

Mais il en fait bien autant que Sartine?

Le Prince de Conti.

Je ne suis pas de votre avis, Sire; je n'ai jamais vu de meilleur marin que celui-ci. Il louvoye depuis plusieurs années avec une dextérité admirable. Il fait prestement, durant l'orage, caler ses voiles & rester à la cape aussi longtems qu'il le faut. Le beau tems revient-il, il déploye de nouveau ses voiles au vent de la prospérité, & cingle sans relâche vers le port.

Louis XV.

Je le goûtois assez à raison de sa souplesse. Mais malgré tout son talent, je doute qu'il puisse tenir longtems en sa place, surtout si la guerre vient. J'en ai eu de plus habiles auprès de moi qui ont succombé. Pourquoi n'a-t-il pas paffé au Département de Paris, quand Malesherbes a pris congé?

LE PRINCE DE CONTI.

Tout le monde s'imaginoit que c'étoit fon lot. Il n'a pas voulu: il a eu la fottife de croire qu'il étoit déja parvenu à connoître fa partie, & il s'eft laiffé aller aux infinuations perfides des Officiers de la marine, qui, le gouvernant, le préférent à un autre, pourvû de plus de lumieres & de génie.

LOUIS XV.

Gare! s'il eft préfomptueux, il fera culbuté. Mais pour revenir au Département de Paris, on a dû voir avec peine Malesherbes fe retirer.

LE PRINCE DE CONTI.

Non; il étoit trop vertueux: c'étoit un homme inutile.

LOUIS XV.

Je crois par la même raifon que fon fucceffeur le fera bien autant.

LE PRINCE DE CONTI.

Ce Miniftere-là n'exige pas un merveilleux talent, Vous avez vu longtems le Duc de la Vrilliere, qui n'étoit pas un aigle, s'en acquitter affez bien, & fans cette abominable femme de Sabbatin, qui l'avoit fubjugué, il auroit continué de même. M. Amelot, élevé-là par le Comte de Maurepas, s'y conduira d'après les avis *paternels* du mentor du Monarque & le fien.

L o u i s XV.

Paternels! eft bien dit: mais il ne les aura pas toujours.

L e P r i n c e d e C o n t i.

Il aura du moins fon Robinet, & puis il fera comme les autres. C'eft ce que lui difoit ce confident au moment où fon maître apprit fon élévation au Miniftere. M. Amelot eft fort timide: il parut embaraffé du rôle qu'on alloit lui faire jouer; " Bon, „ bon, s'écria Robinet, acceptez toujours. Nous „ n'aurons pas été-là quinze jours, que nous en „ faurons autant que nos prédéceffeurs."

L o u i s XV.

Puifque nous en fommes fur les Miniftres bornés, dites-moi que faites-vous de Bertin?

L e P r i n c e d e C o n t i.

Son petit Miniftere eft encore raccourci depuis votre mort, car Louis XVI ne croit pas avor befoin, comme vous, de caiffe particuliere. M. Bertin a été longtems fans favoir quelle contenance faire au milieu de tous ces nouveaux vifages. On a imaginé que c'eft un efpion que les Jéfuites fe font confervé dans le Confeil.

L o u i s XV.

Actuellement qu'il eft confolidé, il pourroit voir fauter encore bien des Miniftres. On dit que celui de la guerre (le Comte de St. Germain,) eft déja auffi détefté qu'il a été prôné en arrivant.

L e P r i n c e d e C o n t i.

C'eft fa faute. S'il fe fût retiré au bout d'un

mois , on l'auroit mis au deſſus des plus grands hommes.

LOUIS XV.

Mais il n'auroit pas eu le tems de rien faire!

LE PRINCE DE CONTI.

C'eſt préciſément pour cela. On auroit conſervé la plus grande opinion du bien qu'il annonçoit, & il n'auroit cauſé du mal à perſonne.

LOUIS XV.

Ainſi par l'énumération ſucceſſive de tous ces perſonnages , je vois que Vergennes eſt le ſeul qui entende bien ſa partie, le ſeul en état de ſe maintenir, & de mériter les ſuffrages de la nation.

LE PRINCE DE CONTI.

Il n'a pas ceux de tout le monde , non quant aux talens de ſa place , perſonne ne les lui conteſte; mais on lui reproche de la puſillanimité, de la foibleſſe. . . . . On voudroit qu'il profitât de la poſition critique où ſe trouvent les Anglois, pour nous débarraſſer de leur joug humiliant.

LOUIS XV.

Et moi je trouve qu'il fait très ſagement de ne point nous compromettre & de recueillir, ſans rien riſquer, le fruit des diviſions de nos rivaux. Nous parlerons de cela dans un autre moment. Suivons notre objet. Vous venez de m'apprendre, mon couſin, que les François aiment toujours mon petit-fils, mais qu'ils commencent à ne plus le retrouver ſi reſſemblant à Henri IV ; qu'ils craignent que ſon deſir ſincere de ſuivre les traces de ce bon roi ne ſe

perde en efforts ftériles, par les variations continuel-
les d'une adminiftration fans principes folides, & que
contre l'ufage (*), il ne foit le feul à prêcher d'exemple dans fon royaume. Vous m'ajoutez qu'ils adorent
davantage la Reine, en prenant la liberté de critiquer
jufqu'à fes goûts, fes dépenfes, fes amitiés, fon attachement à un Miniftre auteur de fon hymen, & à
qui elle croit devoir une forte de reconnoiffance. Je
vois que vos nouveaux adminiftrateurs, prefque tous
éprouvés par l'adverfité, dont le rappel avoit en-
chanté la nation, ne reçoivent à la fin que fes quolibets & fes farcasmes. Encore un coup, que faut-
il donc aux François ? Sont-ils au moins contens
du Parlement, dont le retour étoit demandé avec
tant d'inftance ?

Le Prince de Conti.

A vous dire vrai, pas davantage. Ces Magiftrats
fi grands dans leur exil, où ils fe font trouvés con-
duits plutôt par amour-propre, par opiniâtreté, par
animofité, que par attachement aux loix & par pa-
triotifme, n'ont plus envie d'être pris pour dupes.
En vain, à leur retour, ai-je tâché de leur rendre
quelque énergie, ils font abfolument fans aucun ref-
fort ; ils n'ont de vigueur que contre leurs fubalter-
nes. Ils n'ont pas feulement le courage de réformer
les abus (†) qui avoient fervi de prétexte aux ac-

_____

(*) On connoît ce fameux vers:
    Regis ad exemplum totus componitur orbis
(†) Comme les épices énormes & arbitraires : en vain
les enquêtes ont demandé un réglement, la Grand' Cham-

cusations de Maupeou. Ils ont déja subi deux lits
de Justice (*), & se sont vus frustrés de leurs fonctions les plus précieuses (†). Ils tolérent continuel-
lement sous leurs yeux des perceptions d'impôts il-
légales, établies sous la commission dont ils appel-
lent les arrêts des *jugemens*; & ils n'osent reclamer
dans un cas où ils savent qu'on leur conteste, à eux-
mêmes justement, le pouvoir d'accorder les subsides,
où on leur a prouvé qu'ils n'avoient autre chose à
faire qu'à supplier le Roi d'assembler les Etats-Gé-
néraux.

LOUIS XV.

Le bon tems! mon cousin, le bon tems! vous me
faites doublement regretter la vie; ô Louis XVI,
que vous étes heureux d'avoir un Parlement & point
de remontrances!

LE PRINCE DE CONTI.

Il y en a bien eu, mais qui n'ont rien empêché.

LOUIS XV.

C'est ce que je veux dire; c'est la même chose.
On en est quitte pour ne les point lire : ainsi les
impôts vont leur train?

---

bre a refusé constamment d'en faire; comme les Secrétai-
res qui se sont établi des droits sur les plaideurs & tant
d'autres vexations criantes.

(*) En Mai 1775, & en Mars 1776. On pourroit ea
ajouter un troisieme qui est celui de leur rétablissement en
Novembre 1774.

(†) Comme de la connoissance du monopole des bleds,
& des délits commis en cette occasion.

Le Prince de Conti.

Sans la moindre difficulté. Par exemple, on étoit embarraffé d'avoir des fonds pour rétablir la partie incendiée du Palais (*). Eh bien! par un arrêt du Confeil, on doit mettre une legere augmentation fur la Capitation, & comme cela fe fait fans difficulté, fans enrégiftrement, on l'accroîtra, on la prolongera, fuivant les circonftances.

Louis XV.

O le bon tems!

Le Prince de Conti.

Dans fes rêves, M. Turgot avoit imaginé d'abolir les Jurandes & les maîtrifes (†). En conféquence

(*) L'incendie du Palais arriva le 11 Janvier 1776. On prétendit dans le tems qu'il n'avoit pas été l'ouvrage du hafard. Il rappella l'incendie de la plus grande partie des batimens de ce même Palais, arrivé le 7 Mars 1618. On dit que ce furent les complices de la mort de Henri IV qui y firent mettre le feu; croyant par-là brûler le greffe & le procès de Ravaillac. En 1776, on dit que ce furent les, les. . . . Mais, taifons-nous.

(†) Un premier Edit avoit fupprimé les Jurandes & communautés de commerce, *ces parties honteufes* de notre Gouvernement; & tout rouloit affez bien. Dix-huit mois après, un fecond Edit créa fix corps de Marchands, & quarante-quatre communautés d'arts & métiers.

Les entraves bizarres furent fupprimées. Une plus grande liberté eft rendue au commerce; on a réuni des profeffions qui ont de l'analogie entr'elles, & qui, autrefois livrées à des procès interminables, fatiguoient les tribunaux de leurs débats auffi couteux que ridicules.

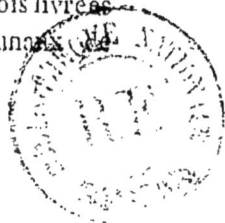

il s'étoit emparé des effets & des rentes des Communautés, en se chargeant de leurs dettes. Il est question de les rétablir; on leur rendra les charges dont elles étoient grévées: Quant à leurs fonds, comme ils sont mangés, elles ne les auront point.

L o u i s XV.

O le bon tems! Mais cela ne se passoit pas autrement sous mon regne. Pourquoi donc mes sujets

---

La porte de l'industrie est ouverte à quiconque veut travailler; mais il en coûte encore de l'argent. Cet argent ne se donne plus aux Communautés; à qui se donne-t-il? Aux coffres royaux : tout rentre insensiblement dans ce bassin unique.

Les bouquetieres, les coefeuses de femme, les maitres de danse, les saveriers, les vuidangeurs ont été déclarés par le même Edit, *libres dans leur profession*, & exempts de payer.

Avant cet Edit, on poursuivoit une malheureuse femme qui, la veille d'une fête d'un patron bannal, portoit des fleurs, & on lui faisoit payer une amende. On saisissoit de *par le Roi & Justice*, des souliers à demi ressemelés, & enfin l'on incarceroit le téméraire qui mettoit des papillottes sur la tête d'une femme, sans avoir la *patente* qui l'autorisoit à friser & à pommader ses cheveux. Nous sortons de l'époque de toutes ces belles institutions, & nous en avons encore plusieurs à peu près de cette dignité-là : & voilà l'ouvrage des anciens administrateurs de la France. Celui qui tourne la broche ne peut mettre la nappe, & celui qui met la nappe ne peut tourner la broche. C'est une chose curieuse à examiner que les statuts des communautés de la bonne ville de Paris. Le Parlement siége gravement pendant plusieurs audiences pour fixer invariablement les droits d'un rôtisseur.

me déteftoient ils fi fort, & ne fe plaignent-ils point de mon fuccelfeur?

Le Prince de Conti.

C'eft qu'on ne peut pas pardonner à un Prince plus que fexagénaire qui regne depuis 59 ans. C'eft que votre infouciance révoltoit vos peuples. C'eft que vous feul, pour votre propre compte, pour af- fouvir vos paffions, auriez mangé l'Etat entier (*). Au lieu que Louis XVI n'a que 22 ans (†); que les défauts de fon regne ne doivent être attribués qu'à fes Miniftres; qu'ils ne font pas même fciemment le mal comme les votres, & que, s'ils trompent le le Monarque, ce n'eft jamais qu'en lui montrant le bien pour objet. C'eft qu'enfin le Roi actuel eft peut-être l'homme de fon Royaume, proportion gar- dée, qui dépenfe le moins pour fon compte. C'eft qu'il n'a ni maqueraux, ni maîtreffes, ni favoris, ni prêtres autour de lui, ni plaifirs, ni mauvaifes qua- lités, ni préjugés apparens. C'eft que, s'il vife au defpotisme, c'eft parcequ'on lui a fait entendre que c'étoit la meilleure maniere de gouverner, la façon la plus fûre de rendre fon Etat heureux.

Louis XV.

Et les lettres de cachet, dont j'ai fait tant d'ufage?

(*) Depuis Pharamond jufqu'à Louis XVI, à peine comp- te-t-on deux rois, je ne dis pas qui ayent fçu regner, mais qui ayent fçu mettre dans l'adminiftration publique le bon fens qu'un particulier employe dans l'économie de fa maifon.

(†) Notez que ce dialogue a été compofé en 1776.

LES ENTRETIENS

LE PRINCE DE CONTI.

Comme il n'y a plus ni Jéfuites, ni Janféniftes, ni refus de facremens, il faut avouer que le cours en eft rallenti ; mais on n'en a point perdu la reffource trop utile (*) ; on en a même fait des abus crians, contre lesquels je me fuis élevé au Parlement dans l'affaire du Maréchal de Richelieu, & je

---

(*) En effet, après l'empalage & le cordon des Turcs, point de moyen plus prompt, plus infaillible : il tranche toute difficulté ; & met fi à leur aife l'orgueil, la vengeance & la perfécution. Par un mauvais chiffon de papier, un citoyen eft enlevé fubitement à fa famille, à fes amis, à la fociété. Une lettre de cachet eft un trait de foudre invifible. L'ordre d'exil ou d'emprifonnement eft expédié au nom du Roi & motivé uniquement de fon bon plaifir. Il n'eft revêtu d'autres formes que de la fignature des Miniftres. Des Intendans, des Evêques ont à leur difpofition des liaffes de lettre de cachet ; ils n'ont plus qu'à mettre le nom de celui qu'ils veulent perdre : la place eft en blanc. On a vu des malheureux vieillir dans les prifons, oubliés de leur perfécuteurs, & jamais le Monarque n'a pu être informé de leur faute, de leur infortune, de leur exiftence. Si les Parlemens du Royaume avoient du fang dans les veines, ne fe réuniroient-ils pas à l'inftant contre cet étrange abus du pouvoir ; il n'a aucun fondement dans nos loix ? Cette caufe importante, ainfi éveillée, feroit celle de la nation, & l'on ôteroit au defpotifme fon arme la plus redoutable.

Un Anglois, en lifant cet article, demandera : Qu'eft-ce qu'une lettre de cachet ?

S'il ne le fait pas, on aura bien de la peine à le lui faire comprendre.

me propofois de traiter cette matiere à la fin du
procès.

LOUIS XV.

Où en eft-il? je m'intéreffe toujours à ce confident
de mes plaifirs, qui m'en a bien procuré dans
ma vie.

LE PRINCE DE CONTI.

C'eft encore un point fur lequel j'ai des idées plus
raffifes depuis que je fuis ici. Je vois qu'il m'avoit
circonvenu par fes féductions; j'étois devenu à ma
honte, fon partifan & fon défenfeur dans la Cour
des Pairs. Ce qui prouve au furplus que j'étois de
bonne foi, c'eft que j'avois toujours défapprouvé les
coups d'autorité qu'il avoit mis en œuvre, & que
je comptois férieufement préfenter quelque arrêté à
la Compagnie, pour obvier aux ordres du Roi, fi
indécemment & fi cruellement employés contre divers particuliers, fes adverfaires, & même contre
une femme de qualité, que fa naiffance & fes entours
auroient dû garantir de pareilles vexations.

LOUIS XV.

C'eft-à-dire, tout confidéré, que c'eft toujours,
comme ci-devant, le plus fort qui opprime le foible. Vous me confolez, & me confirmez dans mon
idée, qu'un roi, quelque chofe qu'il faffe, eft toujours trompé. Je fuis parti de ce principe, & j'ai
cru inutile de me donner tant de peines pour en
venir-là. Je me fuis trouvé roi par le hafard; j'ai
gouverné de même. Il fervira peut-être mieux mon
fucceffeur. Tant mieux pour nos neveux! Je le fé-

licite, entr'autres circonſtances heureuſes, de l'événe-
ment de la guerre d'Angleterre avec ſes Colonies;
c'eſt une de ces combinaiſons nouvelles, formées
par ce maître de l'univers, qui peut être très avan-
tageuſe à la France.

LE PRINCE DE CONTI.

Elle l'eſt auſſi pour le moment. La balance du
commerce commence à incliner en notre faveur, &
nos ports marchands ſont dans une grande activité,
ainſi que nos Colonies. Nous nous enrichiſſons des
pertes de nos voiſins.

LOUIS XV.

Vous venez de juſtifier par-là le Miniſtre des affaires étrangeres, que vous blâmiez plus haut.

LE PRINCE DE CONTI.

C'eſt qu'on craint que le bénéfice ne ſoit que mo-
mentané, que nous ne le payions bien cher par la
ſuite: que, ne donnant point aux Colonies-unies de
l'Amérique Angloiſe les ſecours dont elles ont beſoin, elles ne ſuccombent, qu'elles ne ſoient forcées
de ſe réunir à la métropole, & ne redeviennent notre ennemi commun ſous un même chef. Les unes
voudront ſe venger de ne les avoir pas aſſez ſecon-
dées dans une révolte que nous fomentons, & l'autre nous punir d'avoir ri de ſon malheur. En un
mot, on trouve que nous en faiſons trop, ou point
aſſez; on s'indigne ſurtout de voir ce Commiſſaire de
S. M. Britannique réſidant toujours à Dunkerque, &
nous donnant la loi chez nous.

Louis XV.

Oh! il faut être exact à tenir les traités; ça toujours été mon avis.

Le Prince de Conti.

Oui, les traités conclus avec vos ennemis; car pour ceux faits avec vos sujets, combien de fois n'y avez vous pas manqué?

Louis XV.

C'est bien différent. On ne contracte point avec ses sujets: on leur impose des devoirs, qu'on change, modifie ou éteint, comme l'on veut.

Le Prince de Conti.

A présent que je puis dire ma pensée en liberté; si j'avois été roi, ç'auroit été assez mon avis; mais j'étois sujet moi-même, je voulois faire parler de moi & jouer mon rôle, j'ai paru Républicain........

(Ici le Roi bâille)

.... Mais vous bâillez, Sire! voilà en effet bien de la politique.

Louis XV.

Oui, je ne puis m'y faire. Ce que c'est que la mauvaise habitude! cela me rend malheureux, car c'est la seule qu'on permette ici, où l'on n'a plus que la jouissance de la langue & le plaisir d'entendre raconter ce qui se passe sur la terre.

Le Prince de Conti.

S'il y avoit encore un *Parc aux Cerfs* à Versailles, je pourrois vous réjouir par le récit de quelque historiette.

L o u i s XV.

Mais, vous qui parlez, je crois que quand vous
aurez été quelques jours ici, vous ne ferez pas fi
plaifant. Vous n'étiez pas mal paillard, ainfi que moi.

L e   P r i n c e   d e   C o n t i.

Vraiment, je n'ai pas befoin d'une plus longue
privation pour détefter un lieu où l'on ne mange ni
ne boit, où l'on ne f. ... où le mot même eft interdit. Foin de votre chienne de vie des bienheureux!

L o u i s   XV.

Ce n'eft, parbleu! pas la mienne! . . . . Ah!
charmante Du Barry, où eft votre paradis? Je tro-
querois tout l'Elifée contre un petit coin de chez
vous!

L e   P r i n c e   d e   C o n t i.

Ah! Beaumarchais! Beaumarchais (*)! où font ces

(*) On fait les rapports, l'intimité, la familiarité même
qui ont regné entre le Prince de Conti & le Seigneur Beaumarchais; mais on fait aufi fur quoi ils étoient fondés; on
fait que le rapprochement d'un plébéien de la claffe la plus
infime avec un perfonnage aufi élevé, ne peut s'opérer
que par le vice & la débauche, de viles complaifances &
de coupables baffeffes. Sufpecté d'avoir fait périr un mari
pour époufer fa femme, enfuite celle-ci pour avoir fon
bien, & une feconde encore par le même efprit de cupidi-
té; refufé d'être admis dans un corps d'honnêtes gens (†),
quoique ne fe piquant pas de la plus extrême délicateffe;
                                   chaffé .

(†) *Les Contrôleurs de la bouche n'ont jamais voulu recevoir
Beaumarchais parmi eux, à raifon des bruits injurieux qui
couroient fur la mort de leur confrere, & fur la maniere dont
il en avoit acquis la charge.*

charmantes houris dont tu m'égayois sur le bord de ma tombe!

Louis XV.

Vous mâcherez à vuide, ainsi que moi, mon cousin. Nous nous sommes trop pressés de vivre.

Le Prince de Conti.

Après tout, Sire, nous ferons comme les autres. Demandons à ce bon Henri, dont j'entrevois le bosquet dans le lointain, comment il se sauve de l'ennui de ce pays-ci? Il a bien aimé le sexe autant que nous, &, à ce que je puis découvrir avec ma lorgnette, il me semble que je vois bien du mouvement, de la joie dans son canton.

Louis XV.

Hélas! faute d'avoir beaucoup songé à lui durant ma vie, & de ne m'être nullement occupé à l'imiter, il m'est interdit d'en approcher à présent.

Le Prince de Conti.

La même défense ne m'est pas faite. Je cours

---

chassé de la Cour pour ses impudences; humilié par un Seigneur (Le Duc de Chaulnes) dont il avoit séduit la maîtresse; attaqué en justice, comme ayant, par des manœuvres illicites, escroqué une partie de la succession d'un millionnaire (Paris Duverney); il n'en a été que plus recherché des Grands corrompus. Bien plus: il est parvenu à jouer un rôle & à figurer dans le monde politique. Devenu l'homme du Ministère, l'agent des négociations sourdes avec les Américains, il s'étoit introduit chez le Comte de Maurepas; il l'amusoit par ses saillies & faisoit les honneurs de sa table.

B

l'aborder, & s'il me donne quelque bonne recette, je vous l'apporterai.

LOUIS XV.

Au plaifir de vous revoir, mon Coufin; mais je crains fort qu'elle ne me convienne pas, ou plutôt je redoute que vous ne vous trouviez fi bien auprès de lui, que vous ne foyez tenté d'y refter.

LE PRINCE DE CONTI.

Comptez fur moi. D'ailleurs, l'on débarque chez vous, & j'y viendrai chercher les nouvelles.

DIALOGUE II.

INTERLOCUTEURS.

LOUIS XV, M. TURGOT, Le PRINCE DE CONTI.

LOUIS XV.

Hé! hé, Turgot! vous voilà chez nous?

M. TURGOT.

Et oui, Sire, à vous rendre service!

LOUIS XV.

Et, quelle nouvelle? quelle nouvelle en France? J'apprens toujours avec plaisir ce qui se passe en ce pays-là. Comment vont les affaires? Où en est la guerre? Que fait Louis XVI?

M. TURGOT.

Sire, Louis XVI fait ce qu'on lui fait faire; les affaires vont comme on les pousse; la guerre, on ne sait encore qu'en dire.

LOUIS XV.

Mais Sartine, mais Vergennes, mais Maurepas, sont trois hommes rares, trois hommes uniques en leur espece.

M. TURGOT.

Uniques, rares tant que vous voudrez, mais les choses n'en vont pas mieux.

B 2

L o u i s   XV.

Quoi donc ? Maurepas a des idées solides.

M.   T u r g o t.

Oui, solides, mais un peu surannées.

L o u i s   XV.

Sartine est un personnage intelligent, il menoit la police à merveille.

M.   T u r g o t.

Oui, rompu par l'expérience aux manœuvres sourdes de la ruse & du secret dans la longue guerre qu'il a faite avec succès aux scélérats de Paris, durant son administration, il ne manque sûrement pas de ressources ; mais police & marine sont deux (*).

(*) La belle farce à représenter que le tableau de nos Ministres ! Celui-ci entre dans le Ministere à l'aide de quelques vers galans ; celui-là, après avoir fait allumer des lanternes, passe aux vaisseaux, & pense que les vaisseaux se font comme des lanternes : un autre, lorsque son pere tient encore l'aune, gouverne les finances ; &c. Il semble qu'il y ait une gageure pour mettre à la tête des affaires des gens qui n'y entendent rien. Est-il étonnant après cela de voir la plupart des Ministres incapables de calculer sagement ni les opérations politiques ni les militaires, ignorer même la carte, mettre la côte de Coromandel en Afrique & le Cap de Bonne-Espérance en Asie, comme le fit, un jour, en bonne Compagnie M. de Sartine, étant encore Ministre de la Marine, envoyer des troupes à Rhode-Island, lorsqu'on auroit dû les envoyer à Boston, pour co-opérer avec le Général Washington, comme l'a fait le Prince de Montbarrey ; ordonner aux vaisseaux de l'Inde de retourner à l'Isle Maurice, au lieu de soutenir les opérations d'Hyder-Ally, & de protéger les établissemens Hollandois, comme l'a fait M. de

LOUIS XV.

Vergennes est plein de sagacité. Il me souvient qu'étant Ambassadeur à Constantinople, & Choiseul le pressant de faire déclarer la Porte contre la Czarine, Vergennes lui repondit : " Je ferai armer les „ Turcs, quand vous voudrez, mais je vous pré-„ viens qu'ils feront battus ; que cette guerre tour-„ nera contre nos intentions, en rendant la Russie „ plus glorieuse & plus puissante." N'a-t-il pas dit vrai ? Et ne vous paroit il pas en ce moment bien supérieur en politique au Duc de Choiseul ?

M. TURGOT.

Oui, mais il est rusé, artificieux, inconséquent ; il paroît plutôt cabaler que négocier. Vrai Caméléon, il ne cherche qu'à séduire par les différentes formes sous lesquelles il se montre, & vous échappe au moment que vous croyez le saisir ; ou, s'il ne peut soutenir jusqu'à la fin le caractere odieux de la dissimulation, il se replie sûr de faux fuyants pour sauver son amour-propre de la honte d'avoir échoué. Il est à craindre que par ses manœuvres, sa mauvaise foi, sa politique insidieuse & malfaisante, il n'expose la France à devenir aussi odieuse aux yeux de

Castries ? Quelle inconséquence de jugement & de choix que d'élever à la présidence des affaires navales, un Général de Dragons ! De ce contraste entre les talens & la place ont résulté, sans doute, cette lenteur, cette inactivité, sous lesquelles ont langui & languissent encore nos opérations maritimes, depuis l'époque de cette promotion.

l'Europe qu'elle le fut fous Louis XIV, & l a nation
aux mêmes malheurs qu'elle éprouva fous le regne
de cet ambitieux Monarque.

LOUIS XV.

Mais, on difoit de Vergennes tant de bien, au
commencement !

M. TURGOT.

Oui, Sire, c'eft tout comme de moi.

LOUIS XV.

Et oui, à propos. On vous annonçoit comme le
reftaurateur, comme le fauveur de la France. Déja
on croyoit voir le Royaume fortir de la cruelle &
longue crife où l'avoient réduit, fous mon regne,
tant de Miniftres dévorans. Mais, comme vos prédéceffeurs, on vous a vu naître, ergoter, briller, affa-
mer la nation & difparoître. Il y a plus: on a vu
dans les premiers jours du regne de mon petit-fils,
la canaille s'ameuter jufqu'aux portes de Verfailles &
fous les fenêtes même du Roi, ce qui, vous favez,
n'eft jamais arrivé de mon tems, même fous le Miniftere de Maupeou & de Terray qu'on difoit être
les deux plus grands coquins du Royaume.

M. TURGOT.

Si la canaille s'eft ameutée, fi elle a fait tapage
jufqu'aux portes de Verfailles & fous les fenêtres du
Roi, ça n'eft pas ma faute: le pain étoit cher, &
ce n'eft pas moi qui l'avois rendu cher. A la mort
de votre Majefté, il valoit trois fols la livre ; huit
jours après mon avenement au Miniftere, je le fis
tomber à dix liard, voilà fix deniers de différence ;

voyez un peu s'il n'y a pas là de quoi me faire
compliment, plutôt que de me defigner comme caufe premiere de l'émeute inouie, arrivée au lever de
l'aurore du regne du meilleur, du plus bienfaifant
des Rois. Pour moi, on m'annonçoit alors comme
le feul Miniftre vertueux, intégre, défintéreffé qu'ait
eu la France depuis un fiecle. Je le dis, parcequ'on
l'a dit; Sire, lifez la Gazette. Au refte cette émeute a été une émeute de paille. On vola les pains
chez les boulangers, & l'on pendit fort mal-à-pro-
pos deux hommes, (les premiers venus) lorfque tout
étoit tranquille & calme (*).

Si je n'ai pas reftauré, fauvé la France, c'eft qu'on
ne m'en a pas laiffé le tems. Tout le monde fait
que, defirant fincerement le bien public, vraiment
enthoufiafiné de cette grande & noble paffion, mon
feul defir, le vœu de mon cœur étoit de rendre le
peuple, heureux. Maïs! mais! . . . .

Votre Majefté fe rappelle affurement que j'ai été,
de fon regne, Intendant de Juftice, Police & Finance d'une Province pauvre, fans culture, fans commerce, fans chemins, fans navigation, éloignée de la
capitale; . . . à mon arrivée, les pâles habitans de
cette province broutoient l'herbe, faute de fubfiftance, & jonchoient les champs de leurs cadavres ex-
pirans; on n'y comptoit pas moins de fix mille ames,
mortes de famine en quatre mois; —— au pre-

(*) Cruauté froide & inutile! le récit des *caufes* appar-
tient à l'hiftoire.

B 4.

mier aspect de ce douloureux spectacle, que fis-je?
Grand Jupiter! vous le savez: je sacrifiai mes reve-
nus au soulagement des pauvres; j'empêchai par mon
humanité, par mon zele & par mon intelligence, la
dévastation de la Province qui me bénit encore aujourd'hui; j'abolis dans mon département les *corvées*,
vexation odieuse par laquelle on enleve les pauvres
misérables campagnards à leurs occupations & à leurs
foyers, pour les envoyer travailler loin de leur village aux grands chemins, & cela sans salaire & même sans subsistance. —— Je vis un jour, Sire! . . .
Que je vous conte cette histoire, elle est attendris-
sante pour qui a des entrailles; . . . je vis un jour
en Limousin, vous savez qu'en ce pays le malheureux pâtre ne vit que de châtaignes; je vis: faut-il
vous le dire! C'étoit sous votre regne, je suis fâché
d'être le premier à vous l'apprendre; . . je vis une
cabane formée de branches d'arbres & de terre dé-
trempée: je me doutai sans peine que ce piteux réduit ne renfermoit que des victimes de la misere &
de la faim: j'approche, j'entre dans la chaumiere; —
j'y trouve, mon ame se déchire encore à ce triste
récit, j'y trouve une femme environnée d'onze enfants presque nuds, & qui n'avoient pour lit que la
terre couverte de haillons & d'un peu de paille.
Quel spectacle touchant! Je fis acheter deux vaches,
un herbage & un terrein, j'y fis bâtir une maison,
Sire; . . . elle fut construite en quinze jours

       LOUIS XV, *d'un ton froid.*

Vous ne fites que votre devoir.

M. Turgot.

Je le fais, Sire: du ruftre au Roi & du Roi au ruftre, chacun a fes devoirs à remplir, & plût à Dieu qve tout le monde s'en acquittât comme il devroit s'en acquitter!

Louis XV, *d'un ton goguenard.*

Oh! chacun fa tâche: celle d'un Roi n'eft pas celle d'un ruftre, & celle d'un ruftre n'eft pas celle d'un Roi: un Roi eft-il fait pour fe fatiguer, pour fe gêner? J'entens parler d'un Roi très Chretien, d'un Roi de France, au moins! Pour un Roi de Pruffe, par exemple, pour un petit Marquis de Brandebourg, lui, c'eft fon devoir de s'informer s'il eft mort une vache chez un de fes ferfs, & de la lui remplacer bien vîte; c'eft fon intérêt: pour un roitelet de Sardaigne encore, pour un crotté Duc des Marmotes, il lui importe de même de veiller au falut de tous les ramoneurs de cheminée, & de tous ceux de fon pays qui tirent le Diable par la queüe. A un Roi de France, ce qui lui convient, c'eft un *Parc-aux-Cerfs*, un férail comme celui du Grand-Turc, enfin tout ce qu'il faut pour faire le Paradis de l'autre monde.

M. Turgot.

Vous avez envie de rire, Sire!

Louis XV.

Oh! furement, je n'ai pas envie de pleurer ici. La vie y eft déja affez trifte; dois-je m'y affliger encore? O charmante Du Barry! que ne te hâte-tu devenir pour me faire tuer le tems! ⸺ A propos,

B 5

M. Turgot, dites un peu comme il va avec la belle
Comtesse ?

M. TURGOT.

Sire, de mes jours, je n'ai connu cette créature - là.

LOUIS XV.

Oh! je sais bien: de tout tems, vous avez été ennemi du beau sexe. Mais dites pourtant, vous avez
lu la Gazette, &, sans doute, la chronique scanda-
leuse, ne seroit-ce que par curiosité; dites-moi où
est la Comtesse? Que fait la Comtesse? Comment a-
t-on traité la Comtesse? Je suis parti sans faire mon
testament, sans lui assurer par conséquent son doüai-
re, & c'est ce qui me fâche.

M. TURGOT.

Sire, si tôt votre départ pour ce monde, on lan-
ça, comme il se pratique, une lettre de cachet (*)

(*) La Du Barry fut frappée de la lettre comme d'un coup
de foudre. Elle s'écria avec son énergie naturelle : „ Le
„ beau *foutu* regne qui commence par une lettre de ca-
„ chet !" Elle fit au Duc de la Vrilliere les reproches les
plus sanglans, de ce qu'il s'étoit chargé de cette commission, & le traita avec le dernier mépris. La lettre de cachet n'étoit cependant pas dure. —— Le Roi disoit par
cette lettre *que des raisons d'Etat l'obligent de lui ordonner*
de se rendre au Convent ; qu'il n'ignoroit pas combien elle
avoit été honorée de la faveur de son ayeul, & qu'au pre-
mier coup d'œil, on penseroit à adoucir sa retraite, & à
lui fournir une pension honnête, si sa situation en avoit be-
soin.

contre la Comteſſe : on la ſéqueſtra au Couvent de
Pont-aux-Dames près de Meaux. Elle avoit le ſecret de l'Etat : c'étoit agir très prudemment : cette
fole eut pû divulger le ſecret, éventer la mêche,
mettre le feu dans les quatre parties du globe. Là,
on voulut ſeulement lui apprendre à réciter de *Pater* & des *Ave*, pour ſix ſemaines ; puis après, à la
requête de ſon ami, le Duc d'Aiguillon, on la tira
de la chaîne ; elle fit acquiſition d'une petite terre à
quelques lieues de Paris (*).

LOUIS XV.

Comment y vit-elle, cette charmante ? Oh ! l'aimable femme ! dites donc tout de ſuite, comment y
vit-elle ? elle m'a procuré tant de plaiſir ſur la fin
de ma vie ! je m'intéreſſe ſi fort à ſon ſort ! . . hé-

Ce qui indigna le plus la Du Barry ne fut pas la retraite où elle étoit condamnée, mais la manière dont elle devoit y vivre. On ne lui permettoit d'avoir qu'une ſeule (†)
femme de chambre ; il lui étoit défendu de voir perſonne, d'envoyer ou recevoir aucune lettre que la ſupérieu-
re n'eut vue.

(*) *Saint-Vrain*, auprès d'Arpajon.

(†) *N'eſt-ce pas aſſez ? Quand Manon Vaubernier (noms
propres de la Du Barry,) barbotoit dans les rues St. Nicai-
ſe & St. Honoré ; quand elle alloit, ſoleil couchant, ga-
gner ſa piece de douze ſous, au Palais Royal, aux Thuille-
ries, elle n'avoit qu'une maqua ; à ſa retraite au Pont-aux-
Dames qu'elle appelloit ſa priſon, elle ſe plaignoit de n'avoir
qu'une ſuivante ! Hélas ! bon Dieu ! on a bien raiſon de dire
d'autres tems, d'autres mœurs !*

B 6

las! que ne fuis-je encore Roi de France! je lui don-
nerois la moitié de mon Royaume: je la ferois af-
feoir fur mon trône: mon bis-yeul en a bien fait autant avec la prude & dégoûtante veuve du boffu,
cul-de-jatte, Poëte Scaron.

M. TURGOT.

Sire, au fortir de Pont-aux-Dames, votre chérie
Comteffe fe retira à fon *Saint-Vrain*. Le lendemain
de fon arrivée, elle fut voir tout le monde du voi-
finage; elle fit favoir enfuite à tous les gens du canton qu'elle auroit régulierement une table de vingt-
cinq couverts, & que tous ceux qui voudroient lui
faire l'honneur d'y venir, feroient très-bien reçus.
La Gazette a dit, car je ne vous dit que ce qu'elle a dit, que peu de gens s'étoient rendus à cette
invitation, & furtout que les femmes s'y étoient re-
fufées abfolument.

Quoique votre Majefté n'ait point fait fon tefta-
ment & ne lui ait pas conféquemment affigné de doüai-
re, Madame la Comteffe eft encore fort riche (*).
Avec le même goût de dépenfe & le même fonds
d'ennui d'autrefois, elle s'amufe à faire bâtir, & quoique les travaux qu'elle ait faits, lui aient déja coû-
té beaucoup, elle veut revendre fon acquifition nouvelle. Elle demande à revenir à Paris, tourbillon
néceffaire à fon oifiveté, & pour rendre la propofi-

(*) On pétend que la Du Barry après fa retraite avoit encore 200,000 livres de rentes, fes dettes payées.

tion moins difficile à faire paſſer, elle a offert d'y réſider au couvent. On ne doute point qu'elle n'obtienne cette grace.

Louis XV.

L'a-t-elle obtenue en effet?

M. Turgot.

Elle a déja eu la liberté d'aller à ſon château de Lucienne. Il paroît que le Duc d'Aiguillon en eſt toujours amoureux. Non-ſeulement pendant ſon dernier ſéjour à Paris, il n'a pu contenir ſa paſſion, au point d'en devenir plus odieux à la Reine & de ſe faire donner un ordre de ſe retirer dans ſes terres de Gaſcogne; mais ſouffrant trop d'être éloigné de cette beauté, il l'a engagée à venir le voir. La Bretonne Ducheſſe, accoutumée à ſes infidélités, s'eſt prêtée à ce concubinage, & le bruit général eſt que Madame Du Barry eſt GROSSE des œuvres du Duc.

Louis XV.

Eſt-il poſſible?.. On m'a toujours bien dit que d'Aiguillon fouilloit ma couche. Ces coups, ces coups d'aiguillon me roulent encore dans la tête. J'ai donc été cocu, cocu, ami Turgot!

M. Turgot.

Je ne dis pas cela Sire; je n'en fais rien. Mais ce que je fais, c'eſt que l'amant de la Comteſſe ayant de grandes relations avec ſa tante, Madame de Maurepas, fait traiter ſourdement par le mentor du Roi, pour que S. M. permette à l'exilée d'habiter la Capitale. Le Monarque eſt indifférent à cet égard & n'y répugne en rien: c'eſt la Reine qui eſt plus difficile à déterminer.

L o u i s XV.

Mais Madame Du Barry conſerve t-elle encore ſa galanterie, ſon enjouement & ſes charmes?

M. T u r g o t.

Sire, on dit qu'elle eſt toujours jolie & fort agréable; qu'elle a encore la figure la plus ſéduiſante pour un amateur; que malgré ſon ſéjour à la Cour & le rôle qu'elle y a joué, elle a encore conſervé parfaitement l'air d'une *fille* dans toute la force du terme. On aſſure qu'elle n'a jamais été mieux.

L o u i s XV.

Oh! de mon tems, elle étoit charmante & paîtrie de graces ; elle avoit le talent de me plaire au ſuprême degré. Oh! que ne ſuis-je à ce moment avec elle dans un petit coin de ſon pavillon de Lucienne!

M. T u r g o t.

Attendez, Sire, j'apperçois, j'apperçois, je crois, — le Prince de Conti.

L o u i s XV.

Oui, le Prince de Conti, tout juſte. Il n'y a pas trois heures que nous nous entretenions enſemble de vous & de vos projets. Nous en parlerons encore bien ſûr.

L e P r i n c e d e C o n t i.

Salut à votre Majeſté!

LOUIS XV.

Bon jour, bon jour, mon Coufin. Eh! que fait dans fon canton le bon Henri?

LE PRINCE DE CONTI.

Sire, il caufe avec fon confident Sully. Il parle toujours de fa *poule au pot* (*)

LOUIS XV.

Oh parbleu! c'eft bien en cet endroit qu'il faut parler de la *poule au pot*! Bon à Louis XVI d'en parler & de la mettre au pot cette poule, s'il peut; — je m'explique, entendez-vous? S'il peut. — Mais, mais, mon coufin, connoiffez-vous cet homme-là?

(*) Henri VI, comme le fait le moindre citoyen, vouloit que *tout paifan eût une poule au pot tous les Dimanches.* Eh bien! voilà tout-à-la fois le thermometre & le réfultat d'une bonne légiflation. On entaffe les raifonnemens à perte de vue. Le payfan a-t-il *la poule au pot*? L'Etat eft bien adminiftré: ne l'a-t-il pas? L'Etat eft mal gouverné.

Rois, travaillez pour faire entrer la *poule au pot* de vos peuples: voilà votre vraie gloire!

Je ne fais pourquoi M. de Voltaire s'obftine à trouver cette expreffion triviale, ce que les finges, fes copiftes n'ont pas manqué de répéter. L'Auteur de la Henriade auroit-il voulu que Henri IV eût fait une période poétique? —— *La poule au pot*, voilà l'expreffion fimple & vraie, telle que le cœur l'a dictée. Ofons la confacrer comme une des plus belles qui foient forties d'une bouche royale. Charles IX ne favoit que les noms des chiens de chaffe & des oifeaux de proie.

LE PRINCE DE CONTI.

Pardieu ! Sire, si le connois ! c'est Turgot, Turgot, Turgot lui-même. *Liberté, liberté, liberté toute entiere* (*), c'est sa rubrique, son cri de guerre, comme l'ancien cri de la France étoit MONT-JOYE-ST. DENIS. —— Bon jour, bon jour, mon cher M. Turgot !

M. TURGOT.

Votre très humble serviteur, Monseigneur !

LE PRINCE DE CONTI.

Vous voilà donc en ce pays ! Et vos projets ? Et vos économistes ? Et vos corvées ? Et vos maîtrises ? Et vos postes ? Et, & tous vos grands plans ? —— M. Turgot, comment vont toutes ces histoires ?

Mr. TURGOT.

Monseigneur, j'ai eu un successeur, c'est M. de Clugny. Il est ici : si vous voulez vous instruire, demandez-lui en des nouvelles.

LE PRINCE DE CONTI.

Nous lui parlerons tout-à-l'heure. Mais vous sa-

(*) Pour entendre ceci, on doit savoir l'anecdote suivante. Dans une assemblée des Pairs, comme le Prince de Conti étoit à prendre du thé auprès de la cheminée, un chien qui s'étoit introduit dans ce lieu, fait ses ordures en présence de S. A. S. & sans aucun respect pour l'auguste compagnie. Un huissier veut le battre & le chasser à coups de baguette : Arrêtez, lui dit le Prince de Conti, *liberté, liberté, liberté, liberté toute entiere*, persifflant par ce mot favori les Economistes, leur secte & leur système.

vez que je vous ai été un peu contraire : differtons enfemble un inftant.

M. T U R G O T.

Je fais, Monfeigneur, que vous n'avez point du tout goûté mes fyftêmes, en leur tems ; vous ne vous êtes pas feulement donné la peine de les difcuter, de les approfondir, de les méditer ; je fais plus : je fais que vous avez mis un peu de paffion à les contrecarrer.

L E P R I N C E D E C O N T I.

Vraiment j'étois un peu intéreffé à le faire.

M. T U R G O T.

Je fais que vous foufflates le Parlement, & que, fi j'ai éprouvé les plus violentes contradictions, fi j'ai été combattu avec le plus d'acharnement poffible de la part de ce corps, fait pour reclamer par effence le bien public, c'eft Votre Alteffe qui en a été caufe. Si, en fuivant les déteftables traces des tyrans des peuples, mes prédéceffeurs, j'euffe verfé à pleines mains l'argent & les graces fur les membres de la *robinature*, je ne doute nullement que mes plans n'euffent forti leur plein effet, & que les divers Edits rendus fous mon Miniftere n'euffent paffé fans contradiction. Je fais bien par quels moyens on fait entendre raifon aux chefs de meute (*).

(*) On prétend que M. Turgot ayant trouvé dans les papiers fecrets du Contrôle général les notes des femmes & graces répandues dans le Parlement par fes prédéceffeurs, pour faire paffer divers Edits, il en fit part au Roi qui en fut indigné.

Mais j'eusse rougi de m'en servir. Mes vues étoient
pures, & mes plans n'avoient pour but que la félicité publique.

LE PRINCE DE CONTI.

Oui, si on eut suivi vos plans, mis à exécution
vos spéculations sublimes, vous eussiez affamé la
France entiere, & tout le Royaume eut péri de misere. Convenez, mon cher M. Turgot, que, quoiqu'on dise que vous étes un puits de science (*),
les *Jean-farine* (†), les *Economistes*, leurs confreres &
adhéréns vous ont tourné la cervelle. Vous voyez
bien qu'on a été forcé d'abandonner vos projets &
qu'on en est revenu sans succès.

M. TURGOT.

Monseigneur, si je fusse resté dix ans en place,
on en eut recueilli amplement les fruits. Je ne crois
rien de mieux vû, rien qui puisse être plus profita-

(*) Quand M. Turgot fut fait Secrétaire d'Etat, on dit:
c'est un puits de science (‡), *il sait tout hors la marine.*

(†) Ce nom a été donné par Linguet (voyez sa Théorie
du Libelle) aux verbeux & in intelligibles auteurs & com-
mentateurs du *produit-net.*

(‡) *Entré jeune dans l'Etat Ecclésiastique, M. Turgot avoit
occupé la dignité de Prieur de Sorbonne. Il avoit démontré de
bonne heure du goût pour l'étude des diverses sciences & même
de la littérature. On prétend qu'il est auteur de plusieurs tra-
ductions Allemandes de Gessner & autres. Ayant quitté le petit collet, il endossa la robe, & fut reçu Conseiller au Parlement en 1753; il avoit été substitut du Procureur - Général en
1752. Sa destinée fut de se singulariser de bonne heure.*

ble à la France que la liberté générale, indéfinie, illimitée du commerce des bleds, telle que je l'avois établie. On a d'abord fonné le tocfin, crié famine; & qui? Des gens qui n'entendent rien au *gouvernement économique d'un Royaume agricole* (*). On fait que la France est précifément le Royaume de promiffion. On connoît la fertilité de fon fol, que les divers brigands, car je ne puis mâcher le mot, qui ont paffé & pafferont par le Miniftere, n'ont pu & ne pourront jamais lui enlever. On fait que dans la pofition languiffante où elle étoit, il y a dix ans, elle avoit encore de quoi fournir non-feulement à la nourriture de fes habitans, mais de quoi exporter au dehors en productions du premier befoin.

Il ne faut pas appréhender la famine par l'exportation; il ne fortira jamais du Royaume que le fuperflu de la récolte. Un négociant qui entend fes intérêts ne vendra à l'étranger, que lorfque le grain fera à trop bon compte en France, & cette baiffe n'eft que la fuite d'une trop grande abondance.

Nulle crainte de monopole au milieu d'une liberté générale de commerce de grains; il ne peut avoir lieu avec la concurrence, & il n'eft jamais que le réfultat des gênes de la police & du régime.

D'ailleurs, rien de meilleur que de laiffer faire au propriétaire tout ce qu'il veut de fa denrée, foit en l'enmagifant, foit en la vendant au-dedans ou au-de-

(*) C'eft le terme ufité dans les écrits des économiftes pour défigner le réfultat de leurs principes.

hors du Royaume. —— N'eſt-il pas vrai, Monſeigneur ?

LE PRINCE DE CONTI.

Je le vois : vous voulez avoir plus d'eſprit que tous les Miniſtres paſſés, préſens & à venir : Et bien, ſoit. Je vous le paſſe : mais je ne puis vous paſſer ni vos jurandes, ni vos corvées, encore moins votre ſuppreſſion de la caiſſe de Poiſſi.

M. TURGOT.

Quant aux Jurandes (*), j'ai toujours penſé que le travail eſt une faculté naturelle de l'homme ; que c'eſt une propriété dont il doit jouir dans toute ſon énergie ; conſéquemment que les jurandes, les maîtriſes, les corporations ſont contre raiſon & bon ſens.

Qu'on diſe, comme l'a dit un adminiſtrateur ſtupide & féroce, & peu s'en faut que dans l'indignation dont je ſuis pénétré, je ne le nomme, & que je ne livre ſa mémoire à l'exécration de tous les hommes honnêtes & ſenſés ; qu'on diſe : *que le droit de travailler eſt un droit royal, que le Prince peut vendre, & que les ſujets doivent achéter* : à cette affreuſe maxime, j'en oppoſerai une autre plus conforme à la dignité de l'homme, au cri de la nature : c'eſt *que Dieu, en donnant à l'homme des beſoins, en lui rendant néceſſaire la reſſource du travail, a*

_____

(*) Par Jurandes, on entend le régime des jurés, c'eſt-à-dire, des chefs de chaque corps & Communauté, reçus par ſerment : *per juramentum.*

*fait du droit de travailler, la propriété de tout
homme, & que cette propriété est la premiere, la
plus sacrée & la plus imprescriptible de toutes.*

Tous les désavantages locaux, particuliers, toutes
les craintes légitimes, fondées, certaines, toutes les
raisons tirées de la politique, de la prospérité du
commerce, même de l'harmonie & du bon ordre de
l'Etat qu'on pourroit apporter, pourroient-elles détruire cette vérité? Je le demande à Votre Altesse.

LE PRINCE DE CONTI,

A cela, je vous oppose les remontrances du Parlement.

M. TURGOT.

Elles sont peu admissibles. Le Parlement étoit intéressé à maintenir ces Corps & Communautés, aliment continuel pour lui & par les droits qu'il pré-
levoit, & par la pépiniere de procès auxquels don-
noient lieu nécessairement les limites confondues de
ces corporations multipliées & pointilleuses. Les
avantages ultérieurs de la liberté du commerce pouvoient être problématiques dans les premiers momens;
mais un réel qu'on éprouva dès l'instant de la suppression des Jurandes, & avantage qui est incontesta-
ble, c'est la suppression faite dans le quart d'heure
d'une multitude de procès. Vous pouvez juger de
leur nombre, Monseigneur, par celui des instances
qu'avoit la seule Communauté des *Merciers*, se di-
sant *vendeurs de tout, & faiseurs de rien*. Il se
montoit à cent quatre-vingt-dix-neuf. Quelle perte

pour le Palais! & comment Messieurs de la *robina-*
ture n'eussent ils pas crié, Monseigneur?

L E P R I N C E D E C O N T I.

Puisque, selon vous, les remontrances du Parlement sont peu admissibles, qu'elles partent de gens
intéressés à l'affaire; je vous opposerai les reclamations de tous les Corps, & Communautés entieres.
Vous savez qu'on a fourni mémoires sur mémoires
au Parlement, pour lui faire connoître l'injustice, le
danger & le vice radical de votre opération. J'ai
encore sous les yeux un écrit, car je l'ai emporté
dans ma poche, dans lequel on discute d'abord la
question historiquement, & on objecte les faits contre votre systême. On y cite les exemple de l'Egypte & de Rome, où existoient les Jurandes, de la
Chine & de l'Angleterre ou elles existent encore. —
Qu'avez-vous dire à cela?

M. T U R G O T.

Les Corps & Communautés n'étoient pas moins
intéressés à faire valoir leurs réglemens & à prétendre que tout leur devoit être subordonné, que ne
l'étoit le Parlement à maintenir sa jurisdiction & son
lucre. Pour les Jurandes dont parle Votre Altesse,
& qui ont existé en Egypte & à Rome, elles sont
de trop ancienne date: laissons aux antiquaires à les
discuter & à les approfondir. Si elles existent à la
Chine, je n'en sais rien. Pour celles qui ont lieu
en Angleterre, c'est toute autre chose. Comme c'est
la nation qui fait les loix en Angleterre, elles sont
toujours à l'avantage du peuple: comme en France

ce font les Miniftres, elles font toujours contre le peuple. Les corporations ont été imaginées en Angleterre pour donner plus de conciftance aux individus raffemblés, afin qu'ils puiffent défendre plus énergiquement leurs privileges, leurs franchifes, leurs droits, leurs libertés & celles de leurs concitoyens. En France, au contraire, on ne les a inventées que pour fatisfaire plus facilement, ce femble, au vœu cruel de ce monftre d'Empereur (Caligula) *qui defiroit que les Romains n'euffent qu'une tête pour l'abattre d'un feul coup.* En France, les Monarques ou plutôt les Miniftres des Monarques ne coupent pas les têtes, mais les bourfes : ces réunions ont été trouvées plus commodes pour preffurer à la fois des claffes entieres de citoyens. Je penfe & j'ai toujours penfé, Monfeigneur, que les Jurandes & le prix de maîtrifes font un vrai monopole. Cette forte de privilege qui favorife les corps des métiers, c'eft-à-dire, des petites Communautés aux dépens de la grande, eft nuifible à l'Etat. Les privileges exclufifs font les ennemis des arts & du commerce, que la concurrence feule peut encourager.

Le Prince de Conti.

Vous voulez encore avoir raifon? Soit encore ; mais vous avez beau déployer toute votre rhétorique fur l'article des corvées, je dirai cette fois que vous avez tort.

M. Turgot.

Que Votre Alteffe daigne m'honorer un inftant de

fon attention. Nous fommes, ou du moins devons être ici fans paffion, Monfeigneur; parlons de même. Quoi! dans le fiecle le plus éclairé de cette nation, au tems où les droits de l'homme ont été le plus févérement difcutés; lorfque les principes de la morale n'ont plus de contradicteurs; fous le regne d'un Roi bienfaifant, fous des Miniftres humains, fous des Magiftrats intégres, voudroit-on prétendre qu'il eft dans l'ordre de la juftice, & felon la forme conftitutive de l'Etat, que des malheureux qui n'ont rien foient arrachés de leurs chaumieres, diftraits de leur repos ou de leurs travaux, eux, leurs femmes, leurs enfans & leurs animaux, pour aller après de longues fatigues, s'épuifer en fatigues nouvelles, à conftruire des routes encore plus faftueufes qu'utiles, à l'ufage de ceux qui poffédent tout, & cela fans folde & fans nourriture!

Ames de bronze! faites un pas de plus, & bientôt vous vous perfuaderez qu'il vous eft permis!.... Je m'arrête; l'indignation me poufferoit trop loin. Mais, dites de grace, Monfeigneur, eft-il jufte que tout le poids des corvées ne retombe que fur ceux qui n'ont de propriété que leurs bras & leur induftrie, & que les vrais poffeffeurs jouiffent, fans y participer, de leurs fatigues & de leurs fueurs?

LE PRINCE DE CONTI.

Les travaux de la campagne font fi pénibles que fi l'on permettoit au cultivateur d'acquérir de l'aifance, il abandonneroit fa charrue & laifferoit fes terres en friche.

M. TUR-

M. Turgot.

L'avis de V. A. feroit donc de perpétuer la fatigue par la mifere, & de condamner à l'indigence l'homme fans les fueurs duquel elle feroit morte de faim? Votre Alteffe ordonneroit d'engraiffer le bœuf, & elle retrancheroit la fubfiftance du laboureur!

Le Prince de Conti.

Le laboureur François eft affez actif & induftrieux. Il reffemble aux abeilles; on leur prend leur cire & leur miel, & le moment d'après elles travaillent à en faire d'autres.

M. Turgot.

Monfeigneur, écoutez cet apologue. Devers l'origine du monde, il étoit une vafte forêt de citroniers, qui portoient les fruits les plus beaux, les plus pleins, les plus vermeils que l'on ait vus depuis. Les branches plioient fous le fardeau, & l'air étoit embaumé au loin de l'odeur agréable qui s'exhaloit. Cependant quelques vents impétueux abattirent plufieurs citrons & briferent même plufieurs branches. Quelques voyageurs altérés cueillirent des fruits pour étancher leur foif, & les foulerent aux pieds après en avoir exprimé le jus. Ces accidens engagerent la gent citronniere à fe créer des gardiens, qui éloignaffent les paffans, & qui environaffent la forêt de hautes murailles, le tout pour rompre la fureur des vents. Ces gardiens fe montrerent d'abord fideles & défintéreffés; mais ils ne tarderent pas à expofer que de fi rudes travaux avoient fait naître dans leur fein une foif ardente, & ils firent cette priere aux citrons:

C

" Messieurs, nous mourons de soif en vous servant;
,, permettez que nous fassions à chacun de vous une
,, legere incision ; nous ne vous demandons qu'une
,, goutte de limonade pour rafraichir notre palais-al-
,, téré : vous n'en serez pas plus maigres, & nous
,, & nos enfans nous puiserons de nouvelles forces
,, pour avoir l'honneur de vous servir."

Les crédules citrons ne trouverent pas la requête
incivile: ils se laisserent faire l'imperceptible saignée.
Mais qu'arriva-t-il ? Dès que la piquure fut faite une
fois, la main de Messieurs les défenseurs les pressu-
ra d'abord poliment, mais de jour en jour d'une maniere plus énergique. Ils en vinrent jusqu'à ne pouvoir plus se passer de jus de citron : il leur en falloit à tous leurs repas & dans toutes leurs sauces.
Messieurs les régens s'appercurent que plus on pres-
soit les citrons, plus ils rendoient. Ceux-là se voyant saignés abondamment, crurent devoir rappeller
les primitives conventions: mais ceux-ci, devenus
plus forts, malgré leurs plaintes les mirent dans le
pressoir & les foulerent outre mesure; il ne leur res-
toit plus enfin que la peau que l'on soumettoit encore aux forces mouvantes du terrible cabestan: bref,
ils finirent par se baigner dans le sang des citrons.
Cette belle forêt fut bientôt dépeuplée. La race des
limons s'anéantit: & leurs tyrans, accoutumés à cette boisson rafraîchissante, à force de l'avoir prodi-
guée, s'en trouverent privés; ils tomberent malades,
& moururent tous de la fievre putride.

LE PRINCE DE CONTI.

Monfieur Turgot, vous étes un *Jean-farine*. Vous reffemblez à tous vos pareils. Ils prétendront bientôt que le payfan doit vivre comme le Prince, & que Louis XVI doit fe faire porter par une mule à la place de beaux étalons. Il faut que le payfan foit payfan, l'artifan artifan, c'eft l'intérêt de la chofe publique. Bientôt vous voudrez auffi bien mettre bas les impôts. Vous étes un *Jean-farine*, vous dis je.

M. TURGOT.

Tout ce qu'il vous plaira, Monfeigneur; mais voici, je crois, le langage que le cultivateur, les habitans de la campagne, le peuple, enfin, pourroient tenir aux Souverains: " Nous vous avons élevés
„ au-deffus de nos têtes; nous avons engagé nos
„ biens & notre vie à la fplendeur de votre trône
„ & à la fûreté de votre perfonne. Vous avez pro-
„ mis en échange de nous procurer l'abondance, de
„ nous faire couler des jours fans allarmes. Qui l'au-
„ roit cru, que fous votre gouvernement la joye eut
„ difparu de nos cantons, que nos fêtes fe fuffent
„ tournées en deuil, que la crainte & l'effroi euffent
„ fuccédé à la douce confiance!
„ Autrefois nos campagnes verdoyantes fourioient
„ à nos yeux; nos champs nous promettoient de
„ payer nos travaux. Aujourd'hui, le fruit de nos
„ fueurs paffe dans des mains étrangeres; nos ha-
„ meaux que nous nous plaifions à embellir, tom-
„ bent en ruine; nos vieillards, nos enfans ne favent
„ plus où repofer leurs têtes: nos plaintes fe perdent

,, dans les airs , & chaque jour une pauvreté plus
,, extrême fuccéde à celle fous laquelle nous gémif-
,, fions la veille. A peine nous refte-t-il quelque
,, trait de la figure humaine ; & les animaux qui
,, broutent l'herbe, font, fans doute, moins malheu-
,, reux que nous.

,, Des coups plus fenfibles font venus fondre fur
,, notre tête. L'homme puiffant nous méprife & ne
,, nous attribue aucun fentiment d'honneur; il vient
,, nous troubler fous le chaume, il féduit l'innocen-
,, ce de nos filles, il les enleve; elles deviennent
,, la proie de l'impudence. En vain implorons-nous
,, le bras qui tient le glaive des loix: il fe détour-
,, ne , il fe refufe à notre douleur; il ne fe prête
,, qu'à ceux qui nous oppriment.

,, L'afpect du fafte qui infulte à notre mifere,
,, rend notre état plus infupportable. On boit notre
,, fang & on nous défend la plainte! L'homme dur,
,, environné d'un luxe infolent, s'énorgueillit des
,, ouvrages qu'ont fabriqué nos mains: il oublie no-
,, tre propre induftrie , tandis qu'il n'a en partage
,, que la foif vile de l'or; il nous croit fes efclaves,
,, parceque nous ne fommes ni furieux ni fangui-
,, naires.

,, Les befoins renaiffans qui nous tourmentent,
,, ont altéré la douceur de nos mœurs: la mauvaife
,, foi & la rapine fe font gliffées parmi nous , par-
,, ceque la néceffité de vivre l'emporte ordinaire-
,, ment fur la vertu. Mais qui nous a donné l'exem-
,, ple de la rapine? Qui a éteint dans nos cœurs ce

„ fond de candeur qui nous lioit tous dans une par-
„ faite concorde? Qui a fait notre infortune, merc
„ de nos vices? plufieurs de nos concitoyens ont
„ refufé de mettre au jour des enfans que la fami-
„ ne viendroit faifir au berceau. D'autres, dans leur
„ défespoir, ont blafphêmé contre la providence.
„ Quels font les vrais auteurs de ces crimes?

„ Que nos juftes plaintes percent l'athmofphere qui
„ environne les trônes! Que les Rois fe réveillent
„ & fe fouviennent qu'ils pouvoient naître à notre
„ place (*), & que leurs enfans pourront y des-
„ cendre! Attachés au fol de la patrie, ou plutôt en
„ formant la partie effentielle, nous ne pouvons point
„ nous difpenfer de fournir à fes befoins. Ce que
„ nous demandons, c'eft un homme équitable qui
„ s'applique à connoître le mefure de nos forces,
„ & qui ne nous écrafe pas fous le fardeau que, dans
„ une plus jufte proportion, nous aurions porté avec
„ joie. Alors tranquilles & riches de notre écono-
„ mie, contens de notre fort, nous verrons le bon-
„ heur des autres fans nulle inquiétude far le notre.
„ La moitié de notre carriere eft plus que rem-
„ plie. Notre cœur eft à moitié livré à la douleur.
„ Nous n'avous que peu d'inftans à vivre. Les vœux

(*) Que j'aime cet Empereur de la Chine qui fe prome-
nant à la campagne avec le Prince fon fils, & lui montrant
les laboureurs occupés à leur travail, lui difoit: *Voyez la
peine que ces pauvres gens prennent tout le long de l'annfe pour
nous foutenir; fans leurs travaux & fans leur fueur, ni vous
ni moi, nous n'aurions pas d'Empire.*

C 3

,, que nous formons font plus pour la patrie que
,, pour nous-mêmes. Nous fommes fes foutiens,
,, mais fi l'oppreffion va toujours en croiffant, nous
,, fuccomberons, & la patrie fe renverfera: en tom-
,, bant elle écrafera nos tyrans. Nous ne deman-
,, dons point cette vaine & trifte vengeance. Que
,, nous importeroit dans la tombe le malheur d'au-
,, tri? Nous parlons aux Souverains, s'ils font en-
,, core hommes: mais fi leur cœur eft totalement en-
,, durci, ils apprendront que nous favons mourir,
,, & que la mort qui bientôt nous enveloppera tous,
,, fera un jour bien plus affreufe pour eux qu'elle
,, ne le fera pour nous."

LE PRINCE DE CONTI.

*Ajoutez donc: c'eft la grâce que je vous fouhaite,
ainfi foit-il.* Vous conviendrez du moins avec moi,
mon cher M. Turgot, que c'eft bien un fermon de
Capucin que vous venez de me débiter-là! je vous
confeillerois de l'aller prêcher au Roi de Pruffe; pour
Louis XVI, il ne doit pas en avoir befoin, car vous
lui en avez affez prêché en votre tems.

M. TURGOT.

Voulez-vous connoître, Monfeigneur, quels font
les principes généraux qui regnent habituellement
dans le Confeil d'un Monarque? Voici à peu près
le réfultat de ce qui s'y dit, ou plutôt de ce qui
s'y fait. . . "Il faut multiplier les impôts de toutes
fortes, parcequé le Prince ne fauroit jamais être affez riche, attendu qu'il eft obligé d'entretenir des ar-
mées, & les Officiers de fa maifon qui doit être ab-

folument très magnifique. Si le peuple furchargé
éleve des paintes, le peuple aura tort, & il faudra
le réprimer. On ne fauroit être injufte envers lui,
parceque dans le fond il ne poſſéde rien que fous
la bonne volonté du Prince, qui peut lui redeman-
der en tems & lieu ce qu'il a eu la bonté de lui
laiſſer, fur-tout lorſqu'il en a befoin pour l'intérêt ou
la fplendeur de fa couronne. D'ailleurs il eſt notoi-
re qu'un peuple qu'on abandonne à l'aifance eſt moins
laborieux & peut devenir infolent. Il faut retrancher
à fon bonheur pour ajouter à fa foumiſſion. La pauvreté des fujets fera toûjours le plus fort rempart
du Monarque; & moins les particuliers auront de
richeſſes, plus la nation fera obéiſſante: une fois
pliée au devoir, elle le fuivra par habitude; ce qui
eſt la maniere la plus fûre d'être obéi. Ce n'eſt
point aſſez d'être foumiſe, elle doit croire qu'ici réfide l'efprit de fageſſe en toûte fa plénitude, & fe
foumettre par conféquent, fans ofer raifonner, à nos
décrets émanés de notre certaine fcience."

Si un Philofophe, ayant accès auprès du Prince,
s'avançoit au milieu du Confeil & difoit au Monarque: " Gardez-vous de croire ces finiſtres Confeillers; vous êtes environné des ennemis de votre famille. Votre grandeur, votre fûreté font moins fondées fur votre puiſſance abfolue que fur l'amour de
votre peuple. S'il eſt malheureux, il fouhaitera plus
ardemment une révolution, & il ébranlera votre trône ou celui de vos enfans. Le peuple eſt immortel
& vous devez paſſer. La majefté du trône réfide

C 4

plus dans une tendreſſe vraiment paternelle que dans
un pouvoir illimité. Ce pouvoir eſt violent & contre la nature des choſes. Plus modéré, vous ſerez
plus puiſſant. Donnez l'exemple de la juſtice, &
croyez que les Princes qui ont une morale ſont plus
forts & plus reſpectés." Aſſurément, en prendroit
ce philoſophe pour un viſionnaire.

LE PRINCE DE CONTI.

Tout comme on vous a pris pour un étourdi.

M. TURGOT.

Encore tout comme il vous plaira, Monſeigneur.
Et encore un apologue & je termine. Un villageois
poſſédoit un âne, lequel portoit deux grands paniers
poſés en équilibre ſur ſon dos. On remplit les
paniers de pommes, & les pommes excédoient la
meſure des paniers. Le pauvre animal, quoique lour-
dement leſté, marchoit d'un pas obéiſſant & docile.
A quelques pas du village, le manant vit des pommes mûres qui pendoient à des arbres: *tu porteras
bien celles-ci,* dit-il, *puiſque tu portes les autres,*
& il en chargea ſon âne. L'âne auſſi patient que ſon
maître étoit exigeant, redoubloit d'efforts, mais n'en
pouvoit plus, la meſure étoit comblée. Le manant
rencontra encore une pomme ſur ſon chemin : *oh!*
dit-il, *pour une, pour une ſeule, tu ne la refuſeras
pas.* Le pauvre âne ne put rien répondre, mais tom-
ba de défaillance, & mourut ſous le faix.

Or, Monſeigneur, voici la moralité. Le villageois
eſt le Prince, & le peuple eſt l'âne: mais il eſt un
peuple-âne, pacifique & doux, qui aura la com-

plaifance de ne point tomber à terre ; il mourra debout.

L E P R I N C E D E C O N T I.

Laiffez-là vos apologues ; vos fagots ; vos lanternes, vos homélies, vos fermons, vos prônes, tout
ça eft bon à débiter à la canaille : vous en recueillirez
des bénédictions, & de moi des fotifes. Je n'ai jamais pu goûter de ma vie la fuppreffion des corvées,
ni la fuppreffion de cette fatale caiffe de Poiffi (*) ;
dites-moi qu'eft-elle devenue cette caiffe ? J'y étois
intéreffé (†), vous le favez bien ?

M. T U R G O T.

Monfeigneur, je crois qu'elle a été après moi ce
qu'elle étoit avant moi.

(*) En 1690, il fut créé 60 offices de jurés-vendeurs de
beftiaux avec attribution d'un fol pour livre de la valeur de
ceux qui fe confommeroient à Paris. Cet établiffement fut
fupprimé la même année. En 1707, on rétablit cet impôt.
On créa 100 offices de Confeillers - Tréforiers. Il fut fupprimé de nouveau à la paix. Enfin en 1743 fut formée la
caiffe de Poiffi.

(†) Le Prince de Conti avoit un gros intérêt dans la caiffe de Poiffi du chef de fa mere. Delà l'acharnement de S. A.
à empêcher l'enrégiftrement de l'Edit qui en portoit fuppreffion.

On raconte à ce fujet que le Duc de Choifeul ayant paru
opiner pour l'enrégiftrement, dans une féance des Pairs, le
Prince, piqué au vif, l'avoit apoftrophé & lui avoit dit :
" M. de Choifeul, étant jeune vous étiez un étourdi ; Mi-
,, niftre vous étiez un infolent ; aujourd'hui que vous n'ê-
,,,tes rien, vous êtes bas & rampant."

C 5

L E   P R I N C E   D E   C O N T I.

On l'a remife fur l'ancien pied ! tant mieux ! ....
Paix ! filence ! le Roi dort: il ronfle.

.... *On fe tait un inflant: Le prince reprent*
tout bas :

La facrée fout.. vie que celle de ce monde ! Ah !
Où eft Paris ? où eft l'Ifle-Adam ? (*) où eft l'opéra ?
où eft ma mufique ? ... A propos, M. Turgot, quelle heure eft-il ?

M.   T U R G O T.

Monfeigneur, je n'ofois vous le demander.

___

(*) Terre de plaifance du Prince,

DIALOGUE III.

Les mêmes INTERLOCUTEURS.

LOUIS XV.

Vos contes à dormir debout me faisoient dormir ; vous ne dites plus mot, le sommeil quitte ma paupière. Continuez, car je m'ennuye. Que je dorme donc, que je dorme cent millions, cent millions de siècles, ou qu'on m'envoye la Comtesse Du Barry pour me faire passer le tems ! Encore si je pouvois par fois chasser (*) le sanglier, le cerf ou la biche,

---

(*) Quelle belle occupation que la chasse ! Elle fut celle de Louis XV, toute sa vie. Elle est encore celle de Don Carlos III, d'Espagne, aujourd'hui glorieusement régnant. Que les peuples sont heureux, lorsqu'ils ont des Rois chasseurs !

La chasse devroit être regardée comme un divertissement ignoble & bas. On ne devroit tuer les animaux que par nécessité, & de tous les emplois c'est assurément le plus triste. Je relis toujours avec un nouveau degré d'attention ce que Montaigne, Rousseau & autres philosophes ont écrit contre la chasse. J'aime ces bons Indiens qui respectent jusqu'au sang des animaux. Le naturel des hommes se peint dans le genre de plaisirs qu'ils choisissent. Et quel plaisir affreux, de faire tomber du haut des airs une perdrix ensanglantée, de massacrer des lièvres sous ses pieds, de suivre vingt chiens qui hurlent, de voir déchirer un pauvre animal ! il est foi-

C 6

ce fût-ce que les perdrix, les lapins ou les lievres, j'aurois au moins de quoi charmer un inftant mon ennui : mais, ... Grand Jupiter ! dans quelle maudite galere m'avez-vous jetté !

LE PRINCE DE CONTI.

Il faut fe faire à tout, Sire : je fuis bien auffi ennuyé que vous. Mais, pour vous diftraire, parlez à Turgot. C'eft un homme qui fait de bons fermons & de mauvaife befogne. Il vous contera des contes comme il en a conté à votre petit-fils Louis XVI. Çà ne pourra manquer de vous endormir encore au moins pour quarante-huit heures. —— Allons, M. Turgot, un petit fermon dans le goût de vos préambules !

LOUIS XV.

Ah ! ne me parlez pas de fermons ! Depuis le dernier que me précha dans ma chapelle l'ambitieux & fatal Abbé de Beauvais, on ne peut m'en parler que je ne reffénte encore le coup de la mort. Vous favez bien, mon coufin, que c'eft ce maudit fermon du *Jeudi-Saint* 1774 qui m'a tué !

---

ble, il eft innocent, il eft la timidité même ; libre habitant des forêts, il fuccombe fous les morfures cruelles de fes ennemis ; l'homme furvient & lui perce le cœur d'un dard ; le barbare fourit en voyant fes belles côtes rouges de fang, & les larmes inutiles qui ruiffelent dans fes yeux. Un tel paffetems prend fa fource dans une ame naturellement dure, & le caractere des chaffeurs n'eft autre chofe qu'une indifférence prête à fe changer en cruauté.

LE PRINCE DE CONTI.

On ne dit pas ça en France, Sire. On dit que c'eſt la petite vérole que vous avez attrappé auprès de la petite meuniere, qui vous a porté au tombeau. Auſſi, pourquoi étiez-vous ſi lubrique? pourquoi ne pas vous en tenir à votre pain quotidien? La Du Barry eut' pu vous donner la groſſe & non la petite: or pour la groſſe, c'eſt bagatelle : on n'en meurt pas de nos jours, il y a aſſez d'Eſculapes en France qui ont le talent de la guérir radicalement. Auſſi, pourquoi n'avoir pas eu la précaution de vous faire inoculer (*)? Vous n'euſſiez pas de ſi tôt remis votre ſceptre entre les mains de Pluton.

(*) Longtems combattue, l'inoculation a enfin tryomphé en France. Une ſuite conſtante & non-interrompue d'heureux ſuccès en ont enfin fixé parmi nous le regne & les avantages. L'exemple de Louis XVI, de ſes freres, de pluſieurs Princes & de plus trois cents mille perſonnes inoculées en Europe ſans ſuites facheuſes, ont décidé les eſprits en ſa faveur. Quand on ſe rappelle tout ce qui a été dit & imprimé contre cette pratique ſalutaire, on voit quelle eſt l'opiniâtreté de l'eſprit de parti.

L'inoculation n'eſt encore en honneur en France que dans les claſſes ſupérieures, & chez les perſonnes opulentes; elle n'eſt pas encore deſcendue chez le bourgeois, chez l'artiſan, encore moins chez le pauvre. Elle y deſcendra, il faut l'eſpérer. Alors, on ne verra plus le nez & les joues des Françoiſes rongés & cicatriſés, leurs yeux éraillés, lorſqu'elles peuvent conſerver ce poli qui, avec la grace qui, les anime, en feroit les plus charmantes créatures de l'Europe.

L O U I S　XV.

Me faire l'inoculer ! J'euffe crû être damné. La Sorbonne & l'Archevêque l'avoient défendu.

L E　P R I N C E　D E　C O N T I.

Mais l'Archevêque & la Sorbonne n'ont-ils pas auffi défendu aux vieux hommes de coucher avec les jeunes filles ?

L O U I S　XV.

Oh ça ! c'eft toute autre chofe. C'eft un plaifir réfervé aux Rois. —— Au refte, mon Coufin, je m'appercois que vous voulez rire, vous amufer fur mon compte, touchez une autre corde, ou je vous quitte.

L E　P R I N C E　D E　C O N T I.

Encore un coup, Sire, adreffez-vous à Turgot : fi vous ne voulez pas de fes fermons, il vous parlera d'autre chofe ; faites vous lire, par exemple, les beaux & mémorables Edits qu'il a fait rendre à Louis XVI, lors de fon avénement au Trône; vous verrez comme vous y êtes drapé & tanfé. Il y fait parler le Roi tout jufte comme un berger parle à fes moutons ; & les coups de pate, les coups de pate qu'il y donne à Louis le *bien-aimé !*

M.　T U R G O T.

Je vois, Monfeigneur, que votre Alteffe veut m'indifpofer dans l'efprit de Sa Majefté.

L E　P R I N C E　D E　C O N T I.

Oh ! n'ayez point peur, mon cher M. Turgot : il n'y a ici ni lettres-de-cachet, ni exil, ni Baftille.

LOUIS XV.

Oh! bien en cuit à Monfieur Pluton; car je l'en-
verrois tout-à-l'heure lui & fon Royaume des Enfers
non en exil, ni à la Baftille, mais aux galeres.

LE PRINCE DE CONTI.

Il vaudroit mieux, Sire, l'envoyer au Mont-St.
Michel & l'y faire fourrer dans la cage de fer (*).

(*) L'efpace de cette cage, eft d'environ 12 à 14 pieds
quarrés, & la hauteur d'environ 20 pieds. Elle a été la de-
meure de plufieurs victimes d'un rang élevé dont les noms
& les miferes font effacés & oubliés. On y renferma au commencement de ce fiecle un Gazetier de Hollande qui avoit
eu la hardieffe d'imprimer quelques réflexions féveres & fa-
tyriques au fujet de Madame de Maintenon & de Louis
XIV (†). —— Ce nouvellifte avoit été engagé par une perfonne envoyée expreffément pour cela, à faire une tournée
dans la Flandre Françoife. A l'inftant qu'il eut paffé les
frontieres, il fût arrêté, & conduit immédiatement au Mont
St. Michel. Il y refta plus de 23 années, & y mourût à la
fin. Pendant les longues nuits de l'hiver, on ne lui accor-
doit ni feu, ni chandelle; il ne lui étoit pas même permis
d'avoir aucun livre. Pendant fa longue détention, il ne vit
aucun vifage humain que celui du geolier, qui venoit cha-

(†) *Qui voit dans la galerie de Verfailles Louis XIV une
foudre à la main, affis fur des nuages azurés, peint en Dieu
tonnant; qui le voit à la place des Victoires à Paris pofant les
pieds fur la tête de fes ennemis vaincus, & enchaînés par la plus
vile & la plus impudente des flatteries; & qui le contemple enfuite déployant fa terrible vengeance fur un miférable follicu-
laire: ah! fi cet homme eft tant foit peu philofophe, que Louis
XIV doit paroître petit & abject à fes yeux! il faifoit trembler
l'univers, & un pauvre Gazetier lui faifoit peur.*

L E S   E N T R E T I E N s

L o u i s   XV.
Oui, il pourroit y lire la Gazette tout à fon aife.

que jour lui préfenter par un trou dans le guichet fa petite
portion de pain & de vin. On lui avoit retenu tout inftru-
ment par lequel il eut pû fe détruire; mais à la fin il trouva moyen de tirer un clou du bois, avec lequel il tailloit
ou gravoit fur les barreaux de fa cage certaines fleurs de lys
& armoiries, ce qui formoit fa feule occupation & fon feul
amufement.

Qui fe trouve dans cette machine & ne s'évanouit pas,
n'a pas d'entrailles. Je l'ai vue; & lorfque je me la rappelle, j'en friffonne encore.

Il fe trouve encore au Mont St. Michel des fouterrains en
fi grand nombre que des geoliers qui en ont la direction depuis 50 ans ont de la peine à les connoître eux-mêmes. Il
y a certains cachots qu'on nomme *Oubliettes*, dans lesquels
on avoit coutume, anciennement, de faire défcendre les
criminels coupables des crimes les plus horribles: on leur
fourniffoit du pain & une bouteille de vin; puis on n'y fon-
geoit plus, & on les faifoit périr par la faim dans les caves
obfcures du rocher. Cependant il faut dire la vérité, cette
punition n'a été infligée par aucun Roi du dernier ou du
préfent fiecle. Il y a feulement vingt-cinq ans qu'un Gen-
til-homme termina fes jours dans la cage. Un autre y de-
meura trois ans & en fortit quelques mois avant la mort du
feu Roi, graces à la compaffion & à l'humanité de M. de
Broglie, Abbé du Mont St. Michel, qui, touché de la mifere affreufe & des défaftres déplorables de l'infortuné Gen-
til homme, demanda & obtint fon pardon. Ce Gentil-hom-
me eft M. de F......, homme de confidération & de mérite. Il avoit eu quelques torts envers les Miniftres, & on
fait comment ces Meffieurs puniffent les torts. Témoin en
preuve, le célébre & trop infortuné Avocat LINGUET.

Le Prince de Conti.

Et sûrement les Edits de M. Turgot, Sire.

Louis XV.

Et que Diable font donc ces Edits? Voilà deux heures que vous m'en caffez la tête!

Le Prince de Conti.

Sire, ce font des Edits comme il n'y a jamais eu d'Edits dans le monde. Ils font si énergiques, si pathétiques, si touchans! c'eft la plus belle oraifon funébre qu'on ait faite en l'honneur de Votre Majefté!

Louis XV.

Mais enfin que difent-ils ces Edits, ces Edits, ces éternels Edits? Le Diable emporte les Edits!

Le Prince de Conti.

Avant vous, Sire, j'ai fouhaité que le Diable les eut emportés. Ces Edits m'ont coupé le cou, ou du moins à mon Orcheftre. Vous favez que depuis mes derniers adieux au beau fexe, c'étoit-là tout mon plaifir, toute ma volupté : comme le dernier Prince du fang Bourbon, je n'étois pas riche, vous le favez: Eh bien! ces fatals ou *fataux* Edits, tout comme vous voudrez, font encore venus me rogner les ongles: j'ai dû caffer mon renommé Orcheftre auffi preftement que vous avez caffé en fon tems votre renommé Choifeul: j'ai du abandonner l'Ifle-Adam; la mélancolie m'a pris, & je fuis mort. Encore, fi j'euffe eu un *De Profundis* en faux bourdon de ma propre mufique, je ferois confolé.

Louis XV.

Et c'eft donc votre Orcheftre caffé, votre *De Pra-*

fundis manqué qui vous remue ici la bile? N'avez-
vous donc pas été traité tout comme les autres.

LE PRINCE DE CONTI.

Oui, je le fuppofe: j'ai été embaumé, poivré &
falé: mais un coup d'archet de mon Orcheftre, en
partant, m'eut ravi l'ame. —— Oh! que je vous raconte une hiftoire, Sire: elle eft plaifante; elle vous
endormira encore, j'en fuis fûr.

LOUIS XV.

Parlez-moi des Edits, des Edits; & laiffez-moi là
votre hiftoire plaifante (*). Que difent-ils donc enfin ces Edits?

(*) Cette hiftoire plaifante doit être fûrement celle de la
vifite que rendit au Prince mourant l'Archevêque de Paris.
Le Prélat fut introduit brusquement auprès du moribond.
Le Prince le reçut très honnêtement, lui témoigna une forte d'eftime, rélativement à fes mœurs, quoique différant de
lui dans fa façon de penfer foit en matiere politique, foit
en matiere religieufe. A l'égard de ce dernier objet, le
Prince pria le Prélat de ne point lui en parler, parcequ'il
avoit mûrement examiné la chofe, & favoit à quoi s'en
tenir. L'Archevêque de fe retirer, & le Prince de faire
ordonner à fon Suiffe de ne plus laiffer pénétrer l'Archevêque. Le Prélat fe répréfenta deux fois, & fut refufé deux
fois par le Suiffe à la porte de la rue. Pour fauver le fcan-
dale de voir échapper à leurs foins une oüaille fi précieufe,
les Prêtres y mirent un peu d'aftuce. Ils fuppoferent qu'on
étoit venu chercher les *Saintes huiles*: ils les porterent au
Temple, entrerent par une porte & reffortirent par l'autre,
ou peut-être oignirent-ils le Prince, déja mort. Le Clergé
fut furieux de n'avoir pu déterminer le moribond à fe féparer

LE PRINCE DE CONTI.

Voulez-vous le favoir, Sire? Oh! je vous le dirai fans façon. Ils difent: ils difent:

LOUIS XV.

Quoi donc ils difent? je m'impatiente bien fort de favoir ce qu'ils difent.

LE PRINCE DE CONTI.

Oh! ils ne difent pas tout plat, mais ils donnent à entendre affez clairement que votre Majefté faifoit le monopole des bleds; qu'elle faifoit achéter par tout le Royaume les grains & les farines pour fon

de l'objet le plus cher à fon cœur, fa maîtreffe, la Marquife de Boufflers. Le Prince paffa, pour ainfi dire, entre fes bras. Il avoit pour cette Dame les fentimens les plus finceres, les plus tendres & les plus inviolables.

Le Prince de Conti finit avec la même fermeté qu'il avoit montrée dans toutes les circonftances de fa vie. Quoique fûr de ne pouvoir guérir du mal qui le confumoit, il ne perdit point fa gayeté & fa préfence d'efprit. Dans fon dernier voyage à l'Ifle-Adam, il fe fit apporter fon cercueil de plomb, qu'il avoit commandé; il s'y coucha, & plaifanta fur la gêne qu'il y éprouvoit. —— Dans l'état des dépenfes fecrettes de fon intérieur, on trouva encore paffés en compte, fix femaines avant fa mort, des foupers de filles qu'il faifoit habituellement plufieurs fois par femaine. A la mort du Prince de Conti, il n'étoit prefque aucune fille d'Opéra qui n'eut un contrat de lui, fans compter les autres. L'impénitence finale de ce Prince frappa d'autant plus le Clergé, que c'eft le premier de la Maifon de Bourbon, toujours très édifiante au lit de la mort, qui ait confervé fa tête jufqu'au dernier inftant, & refufé conftamment de recevoir les fecours de l'Eglife.

compte ; que fi elle eut vécu encore un quart de luftre, elle eut mis la famine dans toute la France, & cela dans le feul deffein d'augmenter fon pécule.

L O U I S   XV.

Oh ! je ne puis croire qu'on ait ainfi flétri ma mémoire.

L E   P R I N C E   D E   C O N T I.

Comment ! on a porté l'audace jufqu'à révéler publiquement les vices, les turpitudes, les horreurs de l'adminiftration défaftreufe de Votre Majefté, jufqu'à promettre à la face de la nation de s'en écarter & de rejetter à jamais cet affreux modele.

L O U I S   XV.

Oh ! on a voulu parler de mes Miniftres & non de moi. Je fais bien que je n'avois pas un feul honnête homme à mon fervice. C'eft un tour, je gage, qu'on a voulu leur jouer, & c'eft toujours bien fait de démasquer les fripons.

L E   P R I N C E   D E   C O N T I.

Sire, faut voir comme on appris à Louis XVI à catéchifer plattement fes peuples, & à jouer vis-à-vis d'eux le rôle d'un charlatan qui a envie de débiter fon onguent. On a promulgué des loix qui devoient être le fignal de la félicité publique & elles ont été le fignal de la famine. La famine s'eft aflife fûr les gerbes des récoltes les plus fortunées, & à dévoré le pauvre à la porte des greniers qui crouloient fous l'abondance de grains. Un fléau moral, jufqu'alors inconnu à la France, lui a rendu fon propre fol étranger, & a montré dans le jour le plus horrible la dépravation humaine. L'homme s'est montré le plus cruel ennemi de l'homme. Epouvantable exemple, aussi dangereux que le fléau même. La loi enfin a consacré elle-même l'inhumanité particuliere. Et ce sont les promoteurs de cette loi qui s'évertuent à vous satyriser, Sire, dans des mandemens aussi verbeux & aussi plats que les thêmes d'un Régent des *quatre Nations!*

Mr. T U R G O T.

Monseigneur, ici il est permis de tout dire. Et bien! je vous dirai franchement, dussiez-vous vous fâcher, qu'il n'y a que la mauvaise humeur, l'esprit de parti, l'envie, l'animosité, la vengeance qui puissent étendre leur morsure sur des Edits qui ne respirent que la bienfaisance & l'amour de l'humanité le plus pur & le plus éclairé; tandis qu'on tire le rideau sur la dureté & la roideur qui caractérisoient une administration de fer, appésantissant sans cesse le joug sur les esclaves, déguisant dans les préambules dérisoires de ses loix, par des prétextes frivoles, faux & absurdes, l'horreur de sa tyrannie.

Le Prince de Conti.

Sire, encore une pierre de jettée dans votre jardin.

Louis XV.

Non pas, s'il vous plaît, mais bien dans celui de ceux qui gouvernoient à ma place le Royaume. Vous savez que je ne me mêlois gueres de l'administration. J'avois abandonné à mes Ministres les rênes de l'Empire, & tant pis pour eux s'ils n'ont pas fait le bonheur de mes peuples. Je ne cessois de le leur récommander pourtant : mais je ne trouvois que des fripons qui vouluſſent prendre en main mes affaires, témoins les d'Aiguillon, les Terray, les Maupeou & autres roués de cette eſpece. Un honnête homme eut rougi de ſiéger avec ces gens-là dans mon Conſeil ; témoins Nivernois, De Muy, Caſtries & nombre d'autres à qui je propoſois le Miniſtere, & qui me refuſoient tout net. Mon petit-fils a été plus heureux que moi, & je l'en félicite.

L E　P R I N C E　D E　C O N T I.

Plus heureux, c'eſt beaucoup dire. J'ai vu ſous l'apparence de la liberté, de la juſtice & de l'humanité, commettre réellement en un an beaucoup plus d'injuſtices, beaucoup plus d'actes de deſpotisme & de dureté qu'il ne s'en eſt jamais commis durant le long regne de votre Majeſté.

M.　T U R G O T.

C'eſt un blaſphême ; Monſeigneur, un blaſphême !

L E　P R I N C E　D E　C O N T I.

Un blaſphême ! je n'en fais rien : mais j'ai vu un acharnement tel contre vos opérations emphatiques, qu'on redemandoit hautement l'Abbé Terray, & qu'on le préféroit à vous, Monſieur ; & ſi c'eſt un blaſphême, c'eſt dans le Parlement même qu'on a oſé le proférer.

M.　T U R G O T.

Beau ! le Parlement ! ces Meſſieurs ſi vains & ſi deſpotiques ſur les fleurs-de-lys, ont été bien ſots, quand au lieu *de la profonde terreur, de la morne triſteſſe de la nation conſternée, de la Capitale en allarmes*, de ces défordres qu'ils avoient annoncés, ils ont vu, lorsque le Roi eft venu tenir fon lit-de-juftice, ils ont vu l'allégreffe publique, ils ont entendu les cris de *vive le Roi, vive M. Turgot.* Ces gens à mortier font devenus les objets du malin vaudeville, des plaifanteries du peuple dont ils fe difoient les *peres;* tandis que moi, on m'élevoit dans les nues, on me préconifoit, on me chantoit jufque dans les guinguettes. La voix du peuple eft la voix de Dieu, vous le favez, Monfeigneur. Votre Alteffe connoît la chanfon qu'on chanta en fon tems à mon honneur & gloire: elle me fait plus de plaifir que ne m'en feroit un éloge pompeux de l'Académie des Quarante, ou le panégyrique le mieux tourné du Pere Elifée. Ne feroit-ce que pour faire voir à Sa Majefté Louis XV, *de glorieufe & éternelle mémoire,* que je ne fuis pas auffi noir que vous voulez me faire paffer à fes yeux, je vais lui réciter tout au long cette chanfon.

CHANSON fur l'air de *ma mie, ó gué* (*)!
　　Enfin j'ons vu les Edits
　　　Du Roi Louis feize;
　　En les lifant à Paris
　　　J'ons cru mourir d'aife,
　　Nos malheurs font à leur fin,
　　Ça, chantons, le verre en main,

(*) On l'avoit mife dans la bouche d'un payfan comme de la claffe de ceux qui participoient le plus aux bienfaits du nouveau Roi.

Vive Louis feize, ô gué!
Vive Louis feize!

———

Je n'irons plus au chemin
    Comme à la galere,
Travailler foir & matin,
    Sans aucun falaire:
Le Roi, je ne vous ments pas,
A mis la corvée en bas;
Ah! la bonne affaire, ô gué!
    Ah! la bonne affaire!

———

On dit que le Parlement
    D'un avis contraire,
Aux vœux d'un Roi bienfaifant,
    Etoit réfractaire:
Du peuple pauvre fouffrant,
Le *pere* il fe dit pourtant;
Le beau fichu *pere*, ô gué!
    Le beau fichu *pere!*

———

Du très roturier vaffal
    Le très noble gendre,
Envain a fait baccanal
    Pour fe faire entendre;
A fon fubftitut Moreau
Il refte à peine un cordeau
    Pour fe faire pendre, ô gué!
    Pour fe faire pendre.

Qu'à

Qu'à fon âge, notre Roi
   Paroît déja brave!
Il veut que chacun chez foi,
   Vive fans entrâve;
Et que j'ayóns tous bientôt
Lard & poule à notre pot,
   Et du vin en cave, ô gué!
   Et du vin en cave!

———

Il ne tient qu'à nous demain,
   En toute franchife,
D'aller vendre bierre & vin
   Tout à notre guife:
Chacun peut de fon métier,
Vivre aujourd'hui fans payer,
   Juré ni maîtrife, ô gué!
   Juré ni maîtrife!

———

Je fuis tout émerveillé
   De ceci, compere!
C'eft un double jubilé
   Que nous allons faire!
Mais celui que notre Roi
Nous donne, vaut bien, ma foi!
   Celui du Saint Pere, ô gué!
   Celui du Saint Pere.

Le Prince de Conti.

Vous voulez-vous donner les violons, M. Turgot,
vous voulez vous donner les violons!

D

LOUIS XV.

Ça n'eſt pas défendu: chacun cherche à tirer parti de ſa marchandiſe le mieux qu'il peut. Mais c'eſt un bon homme, je vois.

LE PRINCE DE CONTI.

Oui, Sire, bon homme dans toute la force du terme. Il a le cœur bon, mais l'eſprit de travers. il veut faire le bien, mais ne ſait comment s'y prendre.

M. TURGOT.

Monſeigneur, j'ai toujours conſulté!

LE PRINCE DE CONTI.

Oui conſulté, des fots!

M. TURGOT.

Votre Alteſſe a contrecarré & contrecarre encore la ſuppreſſion des corvées, la ſuppreſſion de la Caiſſe de Poiſſi, la ſuppreſſion des Jurandes, le commerce général & illimité des bleds: oſera-t-elle encore contrecarrer mes idées ſur la tolérance.

LE PRINCE DE CONTI.

Oh! ça c'eſt toute autre affaire. Il n'y a qu'un barbare & qu'un fourbe qui puiſſe préconiſer le contraire. J'ai lû le Mandement de l'Evèque de Soiſſons, non pas *Languet*, mais de mon couſin, *Fitz-James Stuard*, en 1757; j'y ai vu avec plaiſir ces mots mémorables: *Nous devons regarder les Turcs comme nos freres.* Si j'euſſe été Roi de France, j'euſſe établi liberté entière de conſcience, comme elle ſe trouvoit établie dans la ci-devant Amérique Angloiſe, qui fait à peu-près le quart du monde connu. En ce point, nous ſerons toujours d'accord, mon cher M. Turgot.

M. Turgot.

Mais pourquoi le Clergé, pourquoi le Parlement se font-ils opposés à cette tolérance, Monseigneur?

Le Prince de Conti.

C'est à vous à leur en demander la raison & le pourquoi: pour moi, ça ne me regarde pas.

M. Turgot.

Mais que Votre Altesse me permette de lui exposer mon système. Elle verra que dans la suppression des corvées, dans la suppression des Jurandes, dans la suppression même de la Caisse de Poissi, tout comme dans le système du Tolérantisme dont j'avois proposé le plan au Conseil du Roi, je n'ai eu en vue que la chose publique, le bien commun de tous les individus du Royaume.

Le Prince de Conti.

Je veux bien le croire pour vous faire plaisir. Mais trêve à toute autre explication, à tout autre commentaire. Je ne veux plus vous entendre parler. Vous avez cherché à me donner un pied de nez par votre chanson, mais je vais vous confondre par d'autres sur le même ton. Voici une prophétie nommée *Turgotine*, de votre nom, mon ami, vous vous la rappellez, n'est-ce pas?

Vivent tous nos beaux esprits
Encyclopédistes,
Du bonheur François épris,
Grands Economistes;
Par leur soins, au tems d'Adam,

Nous reviendrons, c'eſt leur plan:
   Momus les aſſiſte,
     O gué!
   Momus les aſſiſte.

———

Ce n'eſt pas de nos bouquins
   Que vient leur ſcience;
En eux ces fiers palladins
   Ont la ſapience:
Les Colbert & les Sully
Nous paroiſſent grands, mais fi!
   Ce n'eſt qu'ignorance
     O gué!
   Ce n'eſt qu'ignorance.

———

On verra tous les Etats
   Entre eux ſe confondre,
Les pauvres ſur leurs grabats
   Ne plus ſe morfondre:
Des biens on fera des lots
Qui rendront les gens égaux:
   Le bel œuf à pondre,
     O gué!
   Le bel œuf à pondre.

———

Du même pas marcheront
   Nobleſſe & roture;
Les François retourneront
   Au droit de nature.
Adieu, Parlement & loix,

Ducs, & Princes & Rois:
  La bonne aventure,
   O gué!
  La bonne aventure!

AUTRE CHANSON fur l'air: *Robin-turelurelure.*

 Sous le Miniftere Turgot,
 Nous vivrons à l'aventure,
 Sans favoir que mettre au pot,
   Turelure;
 Ne buvant que de l'eau pure,
 Robin turelurelure.

   ———

 Le Miniftre gros & gras,
 Et d'une épaiffe encolure,
 Veut détruire tous états,
   Turelure,
 Même la Magiftrature,
 Robin turelurelure.

   ———

 Si Turgot né fans efprit,
 Et peu de littérature,
 Se trouve un peu contredit,
   Turelure,
 On voit qu'il a l'ame dure,
 Robin turelurelure.

   ———

 Sous le regne de Louis,
 Nous n'aurons plus de dorure;

   D 3

Son Miniſtre nous réduit
   Turelure,
A nous habiller de bure,
Robin turelurelure.

———

Condorcet, ſon chevalier (*),
Mais de ſort triſte figure,
Prétend pouvoir allier
   Turelure,
Avec le vrai l'impoſture,
Robin turelurelure.

———

Il courtiſe avidement,
Cette maigre créature,
Qu'encenſent ſervilement
   Turelure,
Le délire & le parjure,
Robin turelurelure.

———

Je ne dirai pas ſon nom
On le lit dans le *Mercure,*
A l'article *déraiſon*
   Turelurelure,
Il eſt écrit ſans rature,
Robin turelurelure.

———

On y remarque ces mots:
Danville a forcé nature,

———

(*) Secr.taire de l'Académie des ſciences.

Pour convaincre tous les fots
   Turelure,
Qu'on n'entend pas la culture,
Robin turelurelure.

———

Morellet *ab hoc & ab hac*,
Met fon efprit en torture
Pour nous prouver que d'un fac,
   Turelure,
On tire double mouture,
Robin turelurelure.

———

Beaudau le plus forcené
De cette manufacture,
Nous dit en illuminé
   Turelure :
Meffieurs, fuivez la nature,
Robin turelurelure.

———

Point de féodalité,
Nous dit-il dans fes brochures,
Mon cri, c'eft la liberté !
   Turelure,
Hors le Roi, tout eft roture,
Robin turelurelure.

———

O Royaume infortuné !
Dans quelle méfaventure
Turgot t'a t'il plongé ?
   Turelure,

Toi & la race future,
Robin turelurelure.

Analyse du syſtéme de M. Turgot.

Inonder l'Etat de brigands,
Multiplier les mendians,
Des heureurx augmenter la ſomme,
Et ſoulever les payſans,
Sont les réſultats effrayans
Du ſyſtême de ce grand homme
Dont les fous ſont les partiſans.
Riez, chantez, peuple de France,
Vous recouvrez la liberté:
Quant à vore propriété,
Le Prince en garde la finance,
Et de ce fortuné bienfait
Zero ſera le *produit net.*

M.   T U R G O T.

Je ſais que des mal-intentionnés ont lancé à foiſon
des traits empoiſonnés contre moi & mes projets: je
connois toutes ces ſatyres, tous ces vaudevilles, tous
ces calembours que vous venez de rapporter, Monſeigneur: mais Votre Alteſſe n'ignore ſûrement pas
que l'Académie des Belles Lettres de Caen couron-
na, le 8 Décembre 1774, ce ſonnet à ma louange:

Des Sully, des Colbert, toi qui cours la carriere,
Ton nom vole avec eux à l'immortalité;

Sur la nuit des calculs tu répands la lumiere,
Et rien ne se dérobe à ton activité.

———

Limoges t'a donné le tendre nom de pere,
La France avec transport l'a déja répété.
Va, portant dans les Cours le flambeau qui t'éclaire,
Aux yeux des Souverains offrir la vérité.

———

Des dons de ton génie enrichis nos Provinces;
En couronnant les arts, fais les aimer des Princes;
Louis a par son choix honoré ta vertu.

———

Ecrase sous tes pieds les serpens de l'envie;
Suis tes nobles projets.... Ainsi, chaste Marie,
Le tyran des Enfers par toi fut confondu.

Voulez-vous encore entendre des vers qui ont été
faits pour être mis au bas de mon portrait? Les voici:
l'expression en est si vrai!

    Il aime à faire des heureux;
    Du fort la faveur le feconde,
    Il ne doit plus former de vœux,
    Il fait le bien de tout le monde.

En voulez-vous d'autres, fortis de la verve féconde du Coriphée des poëtes de nos jours, du célèbre
& illustre M. de la Harpe? Les voici encore.

Ses talens, son courage & sa raison profonde,
Sont dignes de sa place & du choix de Louis;

D 5

Le pauvre & l'opprimé font fes premiers amis ;
Et le vœu de fon cœur feroit de faire au monde.
Le bien qu'il fait à fon pays.

D'autres encore :

Minerve pour Turgot cultivoit un laurier
Que tourmentoit en vain le fouffie de l'envie ;
Sa verdure offufquoit l'implacable furie
Qui forme contre l'arbre un projet meurtrier ;
Elle écarte, en rampant, l'herbe qui l'environne,
Des ongles & des dents veut le déraciner.
Minerve qui la voit, dit fans s'en étonner :
„ C'eft un labour qu'elle lui donne.''

LE PRINCE DE CONTI.

Que prouvent tous ces mauvais couplets ? Ou que
des enthoufiaftes, engoués de vos plans prétendus.
économiques ou d'autres, non enthoufiaftes, mais
cherchant à capter votre protection ou votre appui,
fe font évertués à vous préconifer toujours d'après.
leurs vues courtes ou intéreffées. Mais, mais que
prouve votre expulfion du Miniftere ? pas autre chofe fûrement, fi non que vous étiez un étourdi, un
fot, un perfonnage des plus inconféquens, des plus.
gauches, qui, entraîné par une fecte d'empyriques.
infenfés dans une fuite de mouvemens forcés & vio-
lens, avez bouleverfé le Royaume & caufé des défordres affreux, fans procurer l'effet falutaire que doit.
fe propofer tout bon adminiftrateur d'un Empire.

M. TURGOT.

Au moins-ai-je été honnête homme! Au moins mes intentions étoient pures! Au moins voulois-je le bien! Au moins ai-je pour moi ma bonne conscience! avec cela on est bien fort.

LE PRINCE DE CONTI.

Je rends justice à votre probité, mais je ne puis autrement regarder vos projets que comme les écarts du délire patriotique le plus complet. Aussi, direz-vous, pourquoi le Seigneur ne ma-t-il pas donné plus de talent & de lumieres? Aussi pourquoi n'avez-vous pas mieux connu les hommes & les affaires? pourquoi avoir placé votre confiance en des personnages ineptes, incapables de vous guider dans la révolution heureuse que vous méditiez? pourquoi vous être laissé mener par le nez par un insolent de Vaines (*), par exemple.

M. TURGOT.

Et où trouver mieux? Les Cromot, les le Clerc (†)! La Cour & la ville détestoient leur orgueil, leur in-

---

(*) C'est le fils putatif d'un nommé Vaines, laquais d'un premier commis du trésor Royal. Pendant le court Ministere de M. Turgot, il s'est fait 100,000 liv. de rentes. On lui reproche beaucoup d'insolence, de dureté, de forfanterie, de fourberie; on dit qu'il est faux comme un jeton, qu'il ment comme un laquais, qu'enfin il ne vaut pas mieux que ses dévanciers. On lui a reproché encore dans le tems diverses espèces de friponneries & d'escroqueries.

(†) Anciens premiers Commis du Contrôle avant Vaines ou de Vaines, tout comme vous voudrez.

D 6

folence & leur fafte. C'étoit deux petits roués, chacun dans fa sphère, gorgés de rapines & de sang du peuple. Si on m'eut laiffé faire, je les euffe fait conduire droit à la Grève (*), & coucher fur une croix de Saint-André. Ces droles s'avifoient de jouer les petits Miniftres, d'avoir des Palais fomptueux, des équipages pompeux & des maîtreffes comme les grands Seigneurs. A la Grève, l'affaffin meurt; & un faquin de Commis des Bureaux du Roi qui a fait éprouver à une armée entiere les horreurs de la famine, qui a été plus terrible aux foldats de la patrie, que le fer & le feu de l'ennemi; qui a fait difparoître des voitures de farine, & peuplé les hôpitaux; cet homme vient bâtir un palais devant l'effigie du Monarque qu'il a trompé & volé! Il devroit y entendre le murmure de l'Etat, le cri plaintif des foldats qu'il a fait mourir d'inanition: il devroit fe réveiller, agité par la frayeur, & voir des fpectres menaçans errer autour de lui. Cependant il dort avec fécurité; des régiftres fignés par des hommes de loi, vendus à fes rapines, ont légitimé fes vols. A l'aide de calculs faux, il paroît innocent: fon vol & infâme métier l'accrédite, pour ainfi dire, & lui donne un rang parmi la race affamée d'or. Dans fes momens de bonne humeur, il raconte jufqu'à fes exploits meurtriers, & comment, mettant le feu lui-même à des magafins,

_____

(*) Là font venus tous ceux qui fe flattoient de l'impunité (& l'on ne fauroit imaginer comment ils s'abufoient à ce point extrême:) Un *Ravaillac*, un *Cartouche*, un *Niret*, un *Damiens*, & plus fcélérat qu'eux encore un *Desrües*.

il a revendu à l'Etat ce qui lui avoit été payé. Incendiaire, affaffin en Allemagne ou en Amérique, il en plaifante à Paris. On pend les affaffins, les voleurs; & le gredin millionnaire qui médite, invente des plans *extendeurs* d'impofitions ingénieufes & calculées fur la partie indigente du peuple, lorfqu'il a bien diné, calcule ce qui doit lui revenir de tel forfait politique, au moment où il eft travaillé d'une indigeftion laborieufe.

On ne devroit pardonner jamais à de tels hommes; on devroit les citer à tous les tribunaux de la juftice; on devroit plutôt pardonner au malheureux qui, n'ayant qu'un piftolet & du courage, attaque fon homme fur un grand chemin, au coin d'un bois, au détour d'une rue, pour lui ôter le figne repréfentatif des alimens dont il a befoin. —— Oui, l'homme qui pille, qui vole, qui affaffine, me paroît moins odieux que toutes ces petites fangfues, tous ces petits & vils oppreffeurs de la patrie. On devroit le pardonner, le juftifier même, & garder le fentiment de la haine pour l'être monftrueux qui égorge dans le fein du luxe & des richeffes, & le fentiment du mépris pour des loix qui n'ont pas la force d'arrêter ou de punir ces déteftables attentats.

LE PRINCE DE CONTI.

Arrêtez un inftant: j'apperçois quelqu'un: je crois le connoître: —— C'eft l'Abbé Terray: oui, ma foi, c'eft l'Abbé Terray!

LOUIS XV, encore *motié endormi*.

L'Abbé Terray! parbleu, je fuis bien curieux de le voir!

D 7

DIALOGUE IV.

INTERLOCUTEURS:

LE PRINCE DE CONTI, L'ABBE' TER-RAY, M. TURGOT, LOUIS XV, PLUSIEURS NOUVEAUX DE'BARQUE'S.

***

LE PRINCE DE CONTI.

Eh! bon jour l'Abbé! comment va la botte? où en est le Coftume?

L'ABBé TERRAY.

Le Coftume (*), Monfeigneur, eft toujours en l'état où je l'ai laiffé, ou plutôt en l'état où nous l'avons laiffé vous & moi. Pour la botte, elle va affez mal.

LE PRINCE DE CONTI.

Quoi donc? Que voulez-vous dire? Comment fe porte votre tendre Madame la Garde, votre chcrie petite Damerval (†)?

***

(*) Dans fa maifon, rüe *Notre Dame-des-champs*, l'Abbé Terray avoit un lit fuperbe, dont le fond étoit garni d'un tableau voilé: en levant le rideau, on trouvoit une femme nue, & il difoit aux curieufes: *Mesdames, voilà le Coftume.*

(†) La Damerval eft une bâtarde de l'Abbé Terray & de la Clercy, fa premiere Maîtreffe. Il la maria à l'âge de

L'ABBé TERRAY.

Pour Madame La Garde, je l'ai traitée selon ses mérites. Elle vendoit publiquement les graces (*); je l'ai faite exiler dans le fin fond de la Lorraine. Pour Madame Damerval, mal en cuit à Louis XV de lui avoir préféré la petite meuniere. Il seroit encore grand Monarque de France, & non, à cette heure, humble serviteur du dernier calfat des Enfers, j'en suis sûr.

LOUIS XV.

ça peut bien être, l'Abbé: mais vous savez comme j'étois.

---

douze ans au Sr. Damerval, frere de la La Garde, sa seconde maîtresse. C'étoit un homme âgé, sans fortune, incapable de profiter du crédit de son beau-pere, fou, mal propre, agreste, dur, en un mot une espèce d'ogre. Il déplût si fort à sa femme que l'on croit que le mariage n'a jamais été consommé, ou qu'il ne l'a été qu'autant qu'il étoit nécessaire pour préparer les voyes à l'Abbé, accoutumé depuis longtems à une besogne trop aisée pour en aimer une aussi pénible. La Damerval fut bientôt soustraite à son mari, & se réunit à sa belle-sœur, qui la logea avec elle au Contrôle général, & qui, convaincue de la nécessité de prévenir les dégoûts physiques de son amant, préféra d'être la surintendante de ses plaisirs. L'Abbé couchoit sans scrupule avec la Damerval, sa bâtarde: c'étoit un morceau friand qu'il s'étoit reservé; il avoit fait élever exprès cette jeune personne pour son lit, s'en détacha quand elle plût à la Du Barry, & qu'il fut question de la proposer à Louis XV.

(*) Il a été prouvé que cette La Garde avoit gagné 1,800,000 livres depuis l'avénement de l'Abbé Terray au Ministere.

L'ABBÉ TERRAY.

Oui, Sire, vous étiez bon homme: vous vous laissiez gourmander par la belle Comtesse: vous aviez raison: c'est une belle femme, mais pas tout-à-fait digne pourtant de gourmander un Roi. Ah! si on m'eut laissé faire (*)!..

(*) Le but de l'Abbé Terray, comme le bruit en courut dans le tems, étoit de faire de la Damerval, la maîtresse du Roi & de supplanter la Du Barry. Par un rafinement d'adroite politique, ne pouvant presenter lui-même sa bâtarde, il vouloit que la Comtesse fut l'entremetteuse. Mais son projet échoua, & si le Roi a goûté de ce morceau friand, ce n'a pu être qu'en passant. Il conserva toujours le même attachement pour sa favorite.

Les curieux conservent encore comme une piece rare la lettre suivante de l'Abbé à la Comtesse Du Barry.

" Madame la Comtesse, rien ne m'a plus flatté que l'hon-
" neur que vous m'avez fait de dîner hier chez moi. Mais
" Mde. Damerval est enchantée de l'accueil gracieux dont
" vous l'avez honorée. Elle desire instamment que vous
" lui donniez une place dans votre amitié, & la permission
" de vous faire souvent sa cour. Elle n'a d'autre but que
" de contribuer à votre amusement; mais, entre nous,
" oserois-je vous dire qu'elle pourroit vous être de quel-
" que utilité? L'âge du Roi & les plaisirs immodérés aux
" quels il est accoutumé depuis longtems, lui rendent le
" changement nécessaire. Vos charmes, vos attraits peu-
" vent ne pas toujours fixer un amant inconstant & usé:
" si par un autre canal que le votre, il trouvoit quelque
" personne jeune & aimable, son cœur libertin pourroit s'y
" arrêter pendant quelque tems, & l'on profiteroit de cet
" instant pour abuser de sa foiblesse & l'éloigner de vous.

LOUIS XV.

Quoi donc? si on vous eut laissé faire!

L'ABBÉ TERRAY.

Oh! il n'y a plus de remede, n'en parlons plus.

LOUIS XV.

Mais l'Abbé, comment se porte, dites-moi, la char-

„ Vous savez que dernierement la Princesse de Lamballe lui
„ a donné dans les yeux (†). Je vous conseillerois donc
„ en ami, d'avoir auprès de vous quelque jeune compagne
„ qui puisse quelquefois flatter les desirs émoussés du Mo-
„ narque & les satisfaire. Il ne vous en seroit pas pour
„ cela moins attaché, parcequ'il vous auroit l'obligation du
„ plaisir que vous lui auriez procuré; & vous vous main-
„ tiendriez toujours en faveur, en vous prêtant ainsi, com-
„ me faisoit la Marquise de Pompadour, au goût changeant
„ de Sa Majesté. La petite Damerval vous convient pour
„ ce rôle, on ne peut mieux: c'est un enfant qui n'aura ni
„ l'esprit ni le talent de plaire longtems au Roi, & à qui
„ vous pourrez en faire succéder une autre, s'il est besoin.
„ Au reste, ceci n'est qu'un propos en l'air. Si vous l'a-
„ doptez, il peut vous être très avantageux: ce n'est que
„ dans cette vue que je vous en fais part. Vous n'en pou-
„ vez pas plus douter que du respectueux attachement avec
„ lequel je suis, &c. TERRAY."

(†) *Le Roi avoit plusieurs fois parlé avec amitié à Mde. La Princesse de Lamballe, & il affecta d'en exalter un jour les charmes devant la Comtesse Du Barry, qui lui en fit des reproches, & se plaignit des bruits qu'il laissoit courir sur son dessein d'épouser cette Princesse. Le Roi, piqué de ce reproche, lui dit avec humeur: " Madame, je pourrois plus mal faire." La Du Barry sentit la morsure & éclata en gémissemens. Le Roi, ennuyé de cette scene, s'en alla.*

mante Comteffe Du Barry ? Elle me tient toujours
au cœur.

L'ABBÉ TERRAY.

Je ferois vraiment bien en peine, Sire, de vous en
dire des nouvelles. A peine Votre Majefté étoit partie pour ce monde , qu'on me donna de la pêle au
cul, qu'on me fit déferter la Cour, & qu'on me re-
legua comme un hermite dans ma terre de la Motte.
Mais ce que je puis vous apprendre, c'eft que, quelques inftans avant votre départ , elle me fit demander cent mille écus que je lui refufai net (*).

LOUIS XV.

Vous êtes un lâdre, l'Abbé !

LE PRINCE DE CONTI.

Oh! Sire, il l'a toujour été. Mais je l'aime encore pourtant mieux avec fa lâdrerie que ce Turgot
avec fon économie. Ce Turgot, fi on eut voulu
le croire, eut volontiers fait atteler au char de Louis
XVI les courfiers du Roi Dagobert :

Quatre bœufs attelés, d'un pas tranquille & lent,
Promenoient dans Paris le Monarque indolent.

Il eut encore flanqué le Louvre de colombiers &
de poulailliers, & planté les Tuilleries de raves, de
choux, de carotes & de navés, tout comme fous le
bon Charles V.

(*) Le fait eft vrai. Si le Roi en fut revenu, la Du Barry fe promettoit bien d'avoir raifon de cette impertinence.

Terray, lui, en agiſſoit bien autrement. Sans ſe
fatiguer, comme beaucoup d'autres, à chercher des
expédiens, il ſupprimoit, il récréoit, il anéantiſſoit,
il réduiſoit, il prenoit un tiers, un quart, une moitié, il retenoit, il mettoit un impôt nouveau, il éten-
doit un ancien. Il faiſoit de bonnes ſaignées au Royaume, mais ne mettoit pas en danger la machine entiere
de l'Etat. Il ſangloit d'importance la finance; il n'y
a pas de mal à ça. Pour les grands, s'il les maltraî-
toit, ce n'étoit que pour le bon exemple, il leur ren-
doit d'une main ce qu'il leur avoit ôté de l'autre, par
des augmentations de penſion qu'ils obtenoient. Encore entendoit-il raillerie, au lieu que Turgot, lui,
ſe fâchoit tout de bon. Il faiſoit ouvrir la Baſtille
d'une porte & la faiſoit fermer de l'autre. On faiſoit pleuvoir à foiſon les brocards ſur l'Abbé, & il
en rioit: on décochoit contre lui quolibets ſur quolibets, épigrammes ſur épigrammes, pamphlets ſur
pamphlets, & il s'en moquoit. Son ſyſtême étoit
qu'on devoit laiſſer crier ceux qu'on écorchoit. Il
avoit raiſon: ça vaut mieux que d'uſer de l'arme em-
poiſonnée du cachet. Si on lui diſoit qu'il commet-
toit des injuſtices, il en convenoit; ſi on lui repro-
choit de prendre dans les poches, il avouoit franchement qu'il n'étoit par fait pour autre choſe. Pour
Turgot, il prenoit feu comme un Janſéniſte. Il eut
volontiers fait écarteler l'auteur d'un bon mot, eut-il
été le plus excellent du monde, s'il eut tant ſoit
peu ridiculiſé ou frondé ſes ſtultes opérations.

M. TURGOT.

Monseigneur, il est bien difficile de contenter tout le monde, & son pere & sa mere. D'autre part, quand on veut noyer un chien, on trouve toujours bien une pierre pour lui mettre au cou.

LE PRINCE DE CONTI.

Entendez-vous, l'Abbé? . . A propos comment êtes-vous venu ici? En *Turgotines* (*)?

L'ABBÉ TERRAY.

Il n'y a plus ni *Turgotines*, ni *plattitudes* (†) en France, Monseigneur. C'est coches & diligences,

---

(*) On donna cette dénomination burlesque aux nouvelles voitures publiques, établies durant l'administration de M. Turgot.

(†) Pour entendre ce terme, il faut savoir que les marchands de nouveautés en tabatieres, pour exciter le goût des amateurs, avoient imaginé des boîtes plattes, qu'ils avoient pour cette qualité, appellées des *plattitudes*. Elles étoient de carton & à très bon prix. Madame la Duchesse de Bourbon étant allée un jour à l'hôtel de Jaback (†), on demanda à Son Altesse ce qu'elle desiroit: elle répondit des *Turgotines*. Le marchand parût surpris & ignorer ce qu'elle vouloit dire. " Oui, ajouta la Princesse, des tabatieres ,, comme celles-là," en montrant la forme moderne. —— " Madame, ce sont des *plattitudes*, repliqua le marchand." —— " Oui, riposta la Princesse, c'est la même chose." Le nom leur en resta, & cette misérable gentillesse occupa Paris pour le moment; il n'étoit personne qui ne voulut avoir sa *turgotine*, ou sa *plattitude*.

(†) *Fameux magasin de tabatieres, rue St. Merri.*

& diligences & coches, à l'ordinaire. Les *platti-tudes* ont paru & difparu avec leur auteur.

M. TURGOT.

Que voulez-vous donc dire, vous auffi, l'Abbé? Avez-vous oublié le jour où l'on vous ferroit de fi prés les côtes à l'œil de bœuf (*)? Ne vous rappellez-vous plus que, le jour de votre exil, on voulut vous noyer en paffant le bac? Durant votre Miniftere, vous n'avez eu que des morts & des facres; & moi, au contraire, jai eu tout bénédictions, tout *pater*.

L'ABBé TERRAY.

Et grand bien vous faffent, confrere! pour moi je préfére les morts & les facres à tous vos *pater* & même à tous vos *ave*. La raifon, c'eft que ces facres m'ont immortalifé, & qu'on parlera de moi tant que la France fera France, & même tant que le monde fera monde. De vous & de vos projets, on n'en parlera pas plus qu'on ne parle du gros *Thomas* (†) avec fes *opiates*, *fes élixirs* & fes *poudres*.

(*) Pour entendre ceci, il faut encore favoir que l'Abbé Terray paffant un jour dans l'œil de bœuf rempli de Courti-fans, il fuivoit un Des Muy, pour lequel la foule s'étoit ouverte avec une forte de refpect; mais enfuite la preffe augmentant, on ferra violemment les côtés de M. l'Abbé, qui demandant humblement qu'on lui fit paffage & qu'on ne l'étouffât pas, entendit une voix lui répondre: *On ne fait place ici qu'aux bonnétes-gens.*

(†) Ce gros *Thomas* étoit, il y a 40 ans, le coryphée des Charlatans. Il tenoit fes féances fur le Pont-Neuf: il gué-

Un Nouveau Débarqué *dans un petit coin*

Ne voilà-t-il pas cet Abbé Terray qui fe donne
les violons? Et oui, l'Abbé, on parlera fûrement de
vous & de vos mérites, tant que la France fera
France, tant que le monde fera monde, & auffi tant
que les Enfers feront Enfers. Vos fcélérateffes, vos
forfaits ne s'effaceront jamais de la mémoire des
François.

L'Abbé Terray, *un peu furpris.*

Quel eft donc cet original qui parle? Sans doute
quelqu'un que j'aurois plûmé en fon tems.

Le Nouveau Débarqué.

Pas feulement plûmé, mais bien écorché. Ban-
queroutier privilégié, vous avez mérité cent fois plus

_____

riffoit du mal de dents radicalement. Voici fon portrait
fidélement tracé, pour la fatisfaction de ceux qui ne l'ont
point vu.

" Il étoit reconnoiffable de loin par fa taille gigantesque
„ & l'ampleur de fes habits. Monté fur fur un char d'a-
„ cier, fa tête élevée & coëffée d'un panache éclatant, fi-
„ guroit avec la tête royale d'Henri IV. Sa voix mâle fe
„ faifoit entendre aux deux extrémités du pont, aux deux
„ bords de la Seine. La confiance publique l'environnoit,
„ & la rage de dents fembloit venir expirer à fes pieds. La
„ foule empreffée de fes admirateurs, comme un torrent
„ qui toujours s'écoule & refte toujours égal, ne pouvoit
„ fe laffer de le contempler. Des mains fans ceffe élevées
„ imploroient fes remedes, & l'on voyoit fuir le long des
„ trottoirs, les médecins confternés & jaloux de fes fuccès.
„ Enfin, pour achever le dernier trait de l'éloge de ce grand
„ homme, il eft mort fans avoir reconnu la Faculté."

que Billard & Roger (*) le carcan, le pilori, les galè es. Ceux-ci n'ont ruiné que quelques individus de l'Etat, & vous, mauvais sujet d'Abbé, grand Mandrin, grand coupeur de bourses, vous avez ruiné tout le Royaume.

L'ABBé TERRAY.

Et pouvois-je faire autrement, *Marabou!* L'impuissance où se trouvoit la France de faire face à ses engagemens, me réduisit à l'en libérer par la voye la plus courte.

LE NOUVEAU DéBARQUé.

Oui, la plus destructive de la liberté des citoyens & de la puissance du Souverain, la banqueroute. Vous avez trahi, maudit Abbé, les sermens du Monarque & les droits du peuple. Vous avez perdu sans retour la base du gouvernement, la confiance publique. Vous avec renversé la fortune du riche, arraché au pauvre le fruit de ses longues veilles, qu'il avoit confié au fisc pour avoir une subsistance dans sa vieillesse. Vous avez suspendu les travaux, les salaires, fait tomber dans une espece de paralisie une multitude de bras laborieux, aux quels il n'est resté de mains que pour mendier. Par une suite de vos odieuses opérations, les atteliers se font vuidés, & les hôpitaux ont été pleins comme dans une épidémie. Les cœurs se font remplis de rage contre le Prince, & tout a retenti d'imprécations contre son

---

(*) Fameux banqueroutiers frauduleux. Le premier a été mis au carcan, & le second au pilori.

ſcélérat agent. Vous avez condamné aux larmes le
foible qui peut ſe réſoudre à une vie miſérable; ar-
mé d'un poignard qu'a tourné contre lui même ou
contre ſon citoyen, celui à qui la nature avoit donné une ame impatiente & forte. Abbé maudit! Comment l'image de pareille calamités peut-elle vous laiſſer tranquille & ſans remords? A votre départ pour
ce monde, dans l'attente que le grand juge des Enfers vous attendoit, comment avez-vous oſé paroître
devant lui? Quelle ſentence pouviez vous en eſpérer?
Celle, ſans doute, que les malheureux que vous avez
faits, & dont il eſt l'unique vengeur, auroient invo-
quée ſur vous. Maudit ſur la terre, vous deviez
l'étre encore aux Enfers; que dit-je? vous deviez
l'étre au fond du Tertare avec les Mandrins & les
Cartouches, au moins!

UN AUTRE NOUVEAU DÉBARQUÉ.

Oui: Et c'eſt ce monſtre qui m'a porté au tombeau! Et j'ai laiſſé là-haut une femme & huit enfans!
Et ils manquent de pain! Et c'eſt ce monſtre, cent
fois monſtre d'Abbé, qui le leur a ôté! Et il reſpi-
re! Et il ne grille pas ſur les charbons! Et, &!...
Dieux! Dieux! Juſtes Dieux!

LE PREMIER NOUVEAU DÉBARQUÉ.

Et il oſe encore ſe croire meilleur, ſe priſer davantage que le bon, le tendre, l'humain Turgot! Et
il a encore l'impudence de lui décocher des *lazzi!*

LE SECOND NOUVEAU DÉBARQUÉ.

Turgot étoit bon comme pain; Terray dur comme
roche. C'étoit un homme du ſiecle de la St Bar-

thé-

thélemi. Encore quelques mois de plus en place,
& Eglises & Cimetieres n'eussent pas suffi pour en-
terrer les morts.

U n t r o i s i e m e n o u v e a u D é b a r q u é.

Et ces dépôts, établis par ses ordres, où l'on plon-
geoit avec une atrocité, une barbarie digne des Can-
nibales, des pauvres à qui ses terribles opérations
avoient ôté la chétive subsistance; ces *dépôts*, ces
demeures fétides & ténébreuses où l'on étouffoit l'in-
digent avec une cruauté abominable & gratuite;.. ils
étoient son ouvrage! Des vieillards, des enfans enle-
vés de nuit perdoient tout à coup leur liberté, &
étoient jettés dans des prisons infectes, sans qu'on
seût leur imposer un travail consolateur. Ils expi-
roient en invoquant envain les loix protectrices & la
miséricorde des hommes en place. On eut dit qu'on
en vouloit détruire la race entiere, tant on mettoit
en oubli les préceptes de la charité. Dans ces exécrables dépôts, l'indigence étoit punie comme le cri-
me. Le prétexte étoit que l'indigence est voisine des
forfaits, que les séditions commencent par cette foule d'hommes qui n'ont rien à perdre; & comme on
alloit faire le commerce des bleds, on craignoit le
désespoir de cette foule de nécessiteux, parcequ'on
sentoit bien que le prix du pain devoit augmenter.
On dit: *étouffons les d'avance*; &, grand Jupiter!
ils furent étouffés: l'Abbé, l'atroce Abbé n'imagina
pas d'autres moyens dans ses plans destructeurs (*).

_____

(*) Dans ce tems, une femme chargée d'enfans, logée

E

Un Quatrieme nouveau Débarqué.

Oui ce fcélérat d'Abbé, avec ce fcélérat de Maupeou & ce roüé d'Aiguillon ont caufé bien des calamités au pauvre peuple ; ils ont mis la nation au
cri, & fi le bon Louis XVI ne fut promptement venu, c'en étoit dit, c'en étoit fait de la France. ——
O Roi defiré!

Un Cinquieme nouveau Débarqué.

Ajoutez aufli : ô Roi abufé! O Miniftres fi jufte-
ment regrettés! vous comprenez de qui je veux parler, voifin : oui, fous leur adminiftration, le peuple
eut été fortuné, la France eut fleuri : ils euffent donné de bons confeils à notre bon Roi qui a déja fi
bonne envie de bien faire par lui-même. Mais ils
étoient trop honnêtes gens: on les a chaffés. Oh çà
donc à préfent,

---

dans un galetas, & réduite à la plus affreufe mifere, écrivit
au Curé de Sainte-Marguerite : *Il y a deux jours que je fuis
fans pain ; mes enfants meurent de faim, & je n'ai pas la force
d'aller me jetter à vos pieds pour implorer votre pitié.* Le pas-
teur vole au fecours de cette famille infortunée. Au milieu
des vifages pâles & défigurés par le befoin, il apperçoit un
enfant de quatre ans étendu fur le carreau, adreffant à fa
mere ces paroles déchirantes: *Maman, je vais donc manger
ma chaife?* —— Cette infortunée reçut de nombreux fecours; mais elle n'étoit pas la millieme peut-être dans le
cas de la plus horrible néceffité. Si on imprimoit ici les
détails parvenus à notre connoiffance, on feroit frémir le
cœur le plus dur.

Fripons, roués, ça faites bien ripaille;
Allez ravoir votre champ de bataille,
Pour vous exprès tout y fera trié,
Miniftres, Ducs, tout y eft apparié,
Et grace à vous, il n'eft plus à Verfaille
  Deux gens de bien (*)

Savez-vous, voifin, quel étoit le grand plan du grand Turgot & de fon ami Malesherbes? C'étoit de rappeller les Proteftans en France. Je fuis de la *vache à Colas* (†), ne vous en déplaife. Mais entre

---

(*) Ces vers appartiennent à un rondeau fait lors de la retraite des deux Miniftres (Turgot & Malesherbes.) Cette piece marotique un peu vive, plus que naïve, contient des vérités un peu dures, exprimées d'une maniere qui ne l'eft pas moins. Elle mérite d'être connue en entier. La voici:

  Deux gens de bien habitoient à Verfaille,
  Deux à la fois! C'étoit grande trouvaille;
  Auffi chacun en eft émerveillé.
  Filou de Cour craint d'être furveillé,
  Et de Plutus l'avide valetaille,
  Du Parlement la venale canaille,
  Doigny, Séguier & la fourbe Prêtraille,
  Manœuvrent tant que l'on a renvoyé
    Deux gens de bien.

  Fripons, roués, ça &c.

(†) Etre *réformé* en France, c'eft être *de la vache-à-Colas.* Ainfi le dit, ainfi le veut la canaille. Les fots Proteftans fe fâchent de cette fotte qualification, & ceux qui ont du bon fens s'en moquent.

nous, quel grand bien, dites un peu, n'eut pas fait
à la France ce tant defiré rappel! Chiens de Jéfuites
qu'on a bien fait de vous expulfer de toute la terre!
Vous étes tombés, monftres de la nature! Et vous
n'avez eu que que ce que vous avez mérité. Vous
ne l'eufliez pas deviné? neft ce pas? quand votre
maudit tartuffe Pere La Chaife enveloppoit fon augufte pénitent dans fes menfonges les plus dangereux, & que d'autres de la même robe lui infpiroient
leur barbare intolérance, leurs idées baffes, retrécies,
attentatoires à la dignité & plus encore à la liberté
de l'homme. Vous voilà bien attrappés, mes Révérends! favez-vous que le grand *Orient* a fuccédé à
la *Compagnie de Jefus*; que la *loge* philofophique des
neuf fœurs occupe, à l'heure qu'il eft, rüe *pot-de-
fer* à Paris, la chambre de méditation des enfans de
Loyola? favez-vous que le *Vénérable* eft affis à la
place du Pere Griffet; & que le panégyrique de feu
l'illuftre M. Voltaire a été prononcé avec la plus grande pompe dans le même endroit où vous invoquiez
jadis fi hipocritement votre St. François-Xavier, votre St. François-Régis? —— Ah! mes révérends! Vous
vous êtes furieufement oubliés dans ces derniers tems!
Vous étiez dans l'habitude, il y a vingt-cinq ans, d'a-
chéter, d'un valet de garde-robe *la chaife-percée* du
feu Roi d'Efpagne, Ferdinand, pour tâcher de découvrir dans les papiers dont Sa Majefté s'étoit fer-
vie, en guife de ferviette, des éclairciffements fur ce
qu'il vous importoit de favoir. Un de vos révérends
freres blanchiffoit le papier de fon mieux, en rappro-

choit les morceaux; puis, rufés politiques, (alors) vous lifiez, vous teniez confeil, faifiez donner en conféquence des coups de couteau aux Rois, comme il en arriva à Louis XV; faifiez tirer des coups de carabine à bout portant, comme il advint au feu Roi Portugal: —— Pourquoi, mes révérends, n'avoir pas fuivi votre antique marge? Pourquoi n'avoir pas achété la *chaife percée* de Louis XV, celle de la Marquife de Pompadour, celle du Duc de Choifeul, celle du Roi de Portugal, celle du Marquis de Pombal, celle du Comte d'Aranda (*) (furtout,) celle de Chauvelin, celle de la Chalotais, celle de Monclar, enfin toutes les *chaifes-percées* de tous les Rois,

(*) Amis Efpagnols, bénissez le Comte d'Aranda! Vous n'avez plus, grands nigauds que vous avez été, & êtes peut-êtres encore, ni Jéfuites ni Inquifition chez vous. Au lieu de baifer la mule du Pape, baifez la pantoufle de l'ancien Préfident du Confeil Suprême de l'ancienne Caftille, & Capitaine-Général de la Caftille nouvelle, qui a commencé à couper les têtes de l'hydre de l'infernale Inquifition. Nouvel Hercule il a nettoyé les écuries du Roi Catholique comme l'ancien nettoya celles du Roi Augias. Les écuries d'Efpagne étoient pleines des plus puantes immondices depuis plus de cinq cents ans; c'étoit grand dommage de voir de fi beaux chevaux, fi fiers, fi legers, fi courageux, fi brillans, n'avoir pour palfreniers que des Moines qui leur appéfantissoient la bouche par un vilain mords, & qui les faifoient croupir dans la fange. Le Comte d'Aranda qui eft un excellent écuyer, à commencé à mettre la cavalerie Efpagnole fur un autre pied; & les écuries du nouvel Augias feront bientôt, faut l'efpérer, de la plus grande propreté

E 3

Miniſtres, Conſeillers de la terre? Vous euſſiez connu tous les ſecrets, & vous ſeriez encore vivans au mónde, mes révérends peres; au lieu que vous étes morts, & très morts. Dieu ſoit béni! car il faut le bénir de tout; & chantons enſemble, je vous prie, ce refrain latin de l'Egliſe, quand le curé ou ſon vicaire jette une pelée de terre ſur le trépaſſé: *requieſcat in pace.*

Je tiens de mon grand-grand pere que les Proteſtans avoient un temple à Charenton, lequel pouvoit contenir cinq mille perſonnes. Ils y tinrent leurs ſynodes nationaux de 1623, 1631, 1644. Le ſage Edit de Nantes, donné par le ſage Henri IV, ayant été révoqué par la dure & aveugle intolérance de ſon petit-fils, Louis XIV, on détruiſit le temple en cinq jours. La bigoterie & la ſuperſtition imaginerent d'établir ſur ſes ruines un couvent où l'on pratiqueroit une adoration perpétuel du St. Sacrement, comme pour expier ce qui avoit été prêché en ce lieu contre la foi de de la préſence réelle du corps de notre Seigneur Jeſus-Chriſt dans l'Euchariſtie. Cela ne vous paroit-il pas bien mal adroit, mon voiſin?

Depuis l'Edit de Nantes, l'état des Proteſtans étoit fixe en France; ils étoient ſatisfaits & tranquilles, & cet Edit étoit tout-à-la fois l'ouvrage de la ſageſſe, de la reconnoiſſance, de l'attachement & de la tolérance de Henri IV. Pourquoi faut-il que le fanatiſme le plus aveugle ait détruit ce monument de concorde? La playe profonde faite à la patrie n'eſt pas encore fermée de nos jours. Eh, quelle eſt donc la malheureuſe conſtitution de notre Gouvernement,

DE L'AUTRE MONDE. 103

qu'un feul homme trompé & orgueilleux puiffe faire
à la patrie des maux fi longs & presqu'irréparables!
Comment une volonté erronnée & barbare regne-t-
elle encore follement après lui, quand il eft defcen-
du au toubeau, chargé des reproches de la faine partie de la nation? Pourquoi le premier Parlement du
Royaume, follicité fous l'adminiftration du fage Turgot par l'autorité royale d'affurer enfin l'état des Proteftans en France, a-t-il tergiverfé dans l'accompliffe-
ment de ces vues fages & paternelles?

UN AUTRE NOUVEAU DÉBARQUÉ,
un peu Philofophe.

Demandez donc aufli pourquoi, voifin, ce même
Parlement s'eft oppofé à la fuppreffion des corvées,
à celles des maîtrifes? Pourquoi il maintient les plus
vieilles prérogatives & les plus abufives; le Gouvernement féodal étant tombé, & ne devant plus exifter,
puifqu'il n'y a plus qu'un maître? Pourquoi dans l'affaire du Proteftantisme, dans celle des Jurandes &
des Corvées, il a foutenu le *pour* & le *contre*, comme s'il n'étoit jaloux que d'élever la voix? D'où nait,
direz-vous, fa foibleffe étrange dans telle circonftan-
ce, & fa force prodigieufe dans telle autre? Ce corps
a-t-il une politique fuivie, ou bien obéit-il au hafard?
Seroit-il comme le petit poids qui court fur la balance romaine? Ici il n'eft que *Zero*, là il fait tout-à-
coup équilibre à une force puiffante & confidérable.

Le Parlement, mon voifin, fait le mal comme le
bien. Obéiffant à je ne fais quel moteur invifible qui
le domine tel jour, fes principes ne paroiffent rien

E 4

moins que fixes. Il eft toujour le dernier à embraſ-
fer les idées ſaines & nouvelles. Il ſemble vouloir
combattre aujourd'hui cette philoſophie dont la voix
lui a été, lors de ſa ſupreſſion, ſi utile. Il a tort.
L'établiſſement de l'Académie Françoiſe (qui le croi-
roit!) lui a inſpiré dans le tems les plus vives allarmes. Laché contre les Jéſuites, il a dévoré ſa proye
avec une fureur incroyable. Il paroît avoir un beſoin ſourd de détruire, plutôt que d'édifier ou de réformer avec une ſage conſtance.

Le Parlement fait traîner ſur la claie les *ſuicides*,
les fait ſuſpendre à la potence par les pieds, au-lieu
de les conſidérer comme des *mélancoliques* atteints
d'une maladie réelle.

Il fait brûler les *pédéraſtes*, ſans ſonger que la punition de cette vilenie eſt un ſcandale public, & que
c'eſt un de ces actes honteux qu'il faut couvrir des
voiles les plus épais.

Un habitant de Lyon & de la Rochelle eſt obligé de venir plaider à Paris. C'eſt aller chercher la
juſtice à une grande diſtance. Mais cet abus eſt invé-
téré, & il ſeroit difficile de toucher à une coutume
qui, dans ſon antique biſarrerie, à quelques avantages.

Le Parlement s'appuye dans les orages ſur ſes Avocats & ſes Procureurs, & les oblige à jeuner pour
ſes intérêts propres. On compte cinq cents cinquan-
te Avocats ſur le tableau. Il n'y a pas une cauſe
par mois pour chaque Avocat. Les Procureurs, dans
ces tems de criſe, ne goûtent pas infiniment les *remontrances*. Les Avocats plus fiers diſent qu'ils ont

fermé leurs cabinets, mais les pieces d'écritures &
les confultations vont fourdement leur train; le client
en eft quitte pour paffer par l'efcalier dérobé.

Lorfqu'un livre a l'approbation de l'Europe, qu'on
le lit par-tout, qu'on en admire les idées neuves, fortes, grandes & juftes, l'Avocat-Général vient *à la*
barre de la Cour, fait un réquifitoire plein de *non-*
fens & affaifonné de déclamations; il détache quelques
phrafes à la mode des Journaliftes & les fous-ligne.
Le livre eft condamné à être brûlé au pied du grand
efcalier, ou de l'efcalier Saint-Barthélemi, comme
héretique, *fchismatique*, *erronné*, *violent*, *blafphé-*
mateur, *impie*, *attentatoire*, *perturbateur du repos*
des Empires, &c. Il n'y a pas un feule épithete à
rabattre.

Que fait-on alors? On allume un fagot en préfence de quelques poliffons oififs qui fe trouvent là par
hafard. Le Greffier fubftitue une vieille Bible ver-
moulue au livre condamné. Le bourreau brûle le
faint volume poudreux, & le Greffier place l'ouvrage anâthématifé & recherché dans fa bibliotheque.

Encore étourdi du grand coup de maffue que lui
a porté le Chancelier Maupeou, le Parlement ne fait
plus quelle route tenir; fes idées femblent confufes,
embarraffées; il ne fait s'il doit embraffer une certaine confiance en lui-même d'après fa bafe antique, ou
laiffer dénouer le fil des événemens, pour en mettre
à profit les diverfes circonftances. Il paroît avoir
adopté ce dernier parti: fon repos reffemble à un
fommeil; les uns le croient mort; il fe réveillera, di-

sent les autres. S'il ne donne aucun signe de vie, disent les troisiemes, c'est qu'il prépare sa résurrection ; c'est qu'il médite dans le calme ce qui lui a toujours manqué, une adroite politique ; il étudiera mieux qu'il n'a fait les idées de son siecle. Ils en sont vraiement bien encore en-deçà, ces Messieurs du Parlement! Tantôt ils sont mus par la Cour, tantôt contre cette même Cour, & le plus souvent à leur insu.

LE PRÉCÉDENT NOUVEAU DÉBARQUÉ.

Mais, qu'est-ce que *l'enrégistrement*, voisin ? Je n'ai jamais bien su le comprendre. Qu'est-ce que ces *remonstrances* qui ont quelquefois une éloquence mâle & patriotique, digne des Républiques, & qui n'ont rien opéré ? Enfin, qu'est-ce que la résistance des membres du Parlement aux volontés du Monarque ? Sont-ils des représentans de la nation, ou de simples juges créés pour rendre la justice au nom du Roi?

LE DERNIER NOUVEAU DÉBARQUÉ.

Voilà, voisin, des questions délicates qui ne m'appartiennent point & que je me garderai bien de vouloir résoudre. Les raisonnemens & les faits peuvent militer de part & d'autre, & les circonstances seules feront de ce corps une ombre ou une réalité.

UN AUTRE NOUVEAU DÉBARQUÉ
encore plus Philosophe que le Premier.

Quand je lis dans l'Almanach que je vis au dix-huitieme siecle de l'ére Chrétien, & que je vois l'obstiné refus du Parlement à assurer enfin l'état civil des Protestans en France, il me semble reculer en arriere de trois siecles. Quel fanatisme! N'est-ce pas le même Dieu que nous adorons, le Dieu qui nous commande de chérir les hommes, & de leur faire tout le bien qui eſt en notre pouvoir? . . C'eſt le même Evangile, c'eſt-à-dire, la même morale que nous reconnoiſſons tous pour la mettre en pratique. Le reſte eſt une vaine diſpute de mots.

UN AUTRE NOUVEAU DÉBARQUÉ, *auſſi philoſophe.*

Sans doute; & ceux qui adorent le même Dieu, qui ſuivent la morale auguſte de l'Evangile, devroient bien enfin ſe réunir, s'embraſſer & ſe regarder comme freres. . . Eh! ne le font-ils pas, puiſqu'ils ſont d'accord ſur les mêmes devoirs, & qu'ils honorent les mêmes vertus?

LE PRÉCÉDENT PHILOSOPHE.

Un culte auſſi raiſonnable, auſſi pur, auſſi ſimple, choque trop l'ambition & l'orgueil des Prê·res Catholiques qui ont ſurchargé la Religion de monſtruoſités étrangeres. Ils ont beſoin d'égarer l'eſprit de l'homme dans la confuſion ténébreuſe de leurs dogmes & de leurs myſteres. Eſpérons pourtant que les peuples ſeront un jour éclairés, que l'eſprit de perſécution ceſſera, que, faute de controverſiſtes, tombera enfin l'aliment fantaſtique de tous ces débats honteux.

UN AUTRE NOUVEAU DÉBARQUÉ, *encore plus Philoſophe que les Précédens.*

Ah! plaiſe au Ciel! Sous le regne le plus brillant & ſous l'epoque la plus heureuſe de ce regne, trois cents milles familles Calviniſtes jouiſſoient paiſible-

E 6

ment en France des droits de l'homme & du citoyen, droits confirmés par l'Edit fameux qui avoit
affoupi tant de troubles & terminé tant de malheurs,
l'Edit de Nantes. L'effroi de ses voisins & l'idole
de ses sujets, Louis XIV n'avoit a redouter ni des
ennemis au-dehors, ni des rebelles au-dedans de ses
Provinces. Les Protestans, tranquilles par devoir &
par intérêt, ne songeoient qu'à servir l'Etat & qu'à
contribuer à sa puissance & à sa gloire. On les voyoit à la tête de beaucoup de manufactures ; & ré-
pandus dans les contrées maritimes, une marine for-
midable à sa naissance trouvoit sa force principale
dans leurs bras. Où regne une aisance honnête, fruit
du travail & de l'industrie, là sont ordinairement les
bonnes mœurs. Elles distinguoient les Protestans,
parcequ'ils étoient les plus foibles, les plus laborieux, & qu'ils avoient encore à justifier leur croyance par leurs vertus.

Je le répéte. Tous étoit tranquille dans l'intérieur
du Royaume : mais l'orgueil Sacerdotal, mais l'ambition Pharisienne ne l'étoient pas. Le Clergé de
France, Rome & les Jésuites obsédoient le trône de
leurs calomnieuses remontrances. Des François qui
ne s'humilioient pas aux pieds d'un confesseur ; qui
ne voyoient que du pain dans la *Sainte-hostie* ; qui
se passoient de messes ; qui n'apportoient aucune of-
frande à l'autel ; qui épousoient leurs cousines sans
achêter des dispenses : ces François ne pouvoient aimer ni la patrie, ni le Souverain. Ce n'étoient, au
fond du cœur que des tyrans hypocrites qui, pour

secouer le joug de l'obéissance, n'attendoient qu'une circonstance favorable, que, tôt ou tard, ils sauroient bien faire naître.

Lorsque l'imposture allarmera le Souverain sur la fidélité de ses sujets, il est difficile qu'elle ne soit pas attentivement écoutée. Cependant Louis XIV étoit-il excusable, lorsqu'il paroissoit ignorer combien ses sujets Protestans lui étoient utiles; pouvoit-il croire sérieusement qu'ils le seroient davantage en devenant catholiques; la tolérance d'un maître aussi puissant, aussi absolu pouvoit-elle jamais amener aucune de ces facheuses conséquences dont on ne cessoit de le menacer? —— Les Protestans avoient été séditieux, il est vrai: mais persécutés, mais alternativement avec les catholiques le joüet de l'ambition turbulente des grands. Tant de sang versé sous les regnes précédens, ne devoit-il pas faire craindre au despote Monarque d'en verser encore? Les événemens passés ne devoient-ils pas lui apprendre qu'un Roi ne peut rien sur les opinions religieuses; que les consciences ne se forcent point, que la fortune, la vie, les dignités ne se comparent point avec les peines éternelles; & que s'il est bon de fermer l'entrée d'un pays où l'on n'observe qu'un seul culte, à toute superstition étrangere, la force n'en exclura jamais celle qui y est établie.

L'Avant-Dernier Philosophe.

Louis XIV l'éprouva. Vous qui étes chargés du soin de conduire les hommes, Souverains, apprenez à les connoître! Etudiez leurs passions, pour les ré-

E 7

gir par leurs paſſions ! Sachez qu'un Prince qui dit à ſes ſujets, votre Religion me déplaît; vous l'abjurrez, je le veux, peut faire dreſſer des potences & des roues : que ſes bourreaux ſe tiennent prêts, il pourra faire torturer les corps, mais non changer les conſciences.

LE PRÉCÉDENT PHILOSOPHE *continue.*

Louis XIV chargea de l'exécution de ſon projet impie en Religion, abſurde en politique, deux Miniſtres impérieux comme lui; deux hommes qui haïſſoient les Proteſtans, parceque Colbert s'en étoit ſervi; un le Tellier, homme dur & fanatique, un Louvois, homme cruel & ſanguinaire: c'eſt celui-ci qui opinoit à ſumerger la Hollande, & qui depuis fit réduire le Palatinat en cendres. Sur le moindre prétexte, on ferme au Calviniſte ſon temple; il ne peut-être admis dans aucune corporation; on l'exclut de toute charge, on inſcrit ſes Miniſtres ſur le rôle des tailles; on applique aux hôpitaux les legs faits à ſes conciſtoires; tous les employés ont ordre de quitter leurs fonctions ou leur croyance.

L'abſurdité ſuccéde à la violence. Une déclaration du Conſeil autoriſe les enfans à l'âge de ſept ans de renoncer à leur foi. Des enfans de ſept ans qui ont une foi ! Qui ont une volonté civile ! Qui font des actes publics ! Ainſi donc le Souverain & le prêtre peuvent également & des enfans en faire des hommes, & des hommes en faire des enfans !

Mais il falloit ſouſtraire les enfans à l'autorité de

leurs parens. La force y pourvoit. Des foldats les enlevent de la maifon paternelle & s'inftallent à leur place. Le cri de la défolation retentit d'un bout du Royaume à l'autre. On fonge à s'éloigner de l'oppreffeur. Des familles entieres défertent leurs foyers transformés en corps-de-garde. Les Puiffances rivales de la France leur offrent des afyles. Les Provinces fe dépeuplent. Le Gouvernement voit ces émigrations, & il en eft troublé. Les galeres font décernées contre l'artifan & le matelot futitifs. On ferme les paffages. On n'oublie rien de ce qui pouvoit accroître le mérite du facrifice, & plus de cinq cents mille citoyens utiles s'échappent, au hafard de recevoir en chemin la couronne du martyre.

C'eft au milieu de ces horreurs que paroît la fatale révocation de l'Edit de Nantes. Il eft ordonné aux Miniftres opiniâtres de fortir du Royaume dans l'intervalle de quinze jours, fous peine de mort. Les enfans font arrachés d'entre les bras de leurs peres & de leurs meres. Et ce font des hommes réfléchis; une affemblée de graves perfonnages; une cour fuprême qui légitime de pareilles horreurs! ils étoient peres, & ils ne frémirent pas en ordonnant l'infraction des loix les plus facrées de la nature!

Cependant les efprits s'échauffent ; les Proteftans s'affemblent ; on les attaque. Ils fe défendent. On envoye contr'eux des dragons. Et voilà les hameaux, les villages, les champs, les grands chemins, les entrées des villes, hériffes d'échafauds & trempés de fang Les Intendans de Province fe difputent de

barbarie. Quelques Miniftres ofent prêcher, ofent
écrire. Ils font faifis & mis à mort. Bientôt le nombre de cachots ne fuffit plus au nombre des perfécu-
tés; & c'eft la volonté d'un feul qui peut faire tant
de malheureux! il parle, & les liens civils & moraux
fe brifent! il parle & mille citoyens révérés par leurs
vertus, leurs talens, leurs dignités, font dévoués à la
mort & à l'infamie! O peuples! ô troupeau d'imbé-
cilles & de lâches!

Et toi, tyran aveugle! parceque tes prêtres n'ont
pas l'art perfuafif qui feroit tryompher leur raifon;
parcequ'ils ne peuvent effacer de l'éfprit de ces inno-
cens les traces profondes que l'éducation y a gra-
vées; parceque ceux-ci ne veulent être ni des lâches, ni des hypocrites, ni dès infâmes; parcequ'ils aiment mieux obéir à leur Dieu qu'à toi, il
faut que tu les fpolies, que tu les enchaînes, que tu
les brûles, que tu les pendes; que tu traînes leurs
cadavres fur la claie. Lorfque tu retires d'eux ta
proteétion parcequ'ils ne penfent pas comme toi; pourquoi ne retirent-ils pas de toi leur obéiffance parceque tu ne penfes pas comme eux? c'eft toi qui romps
le pacte.

Maîtres de la terre, lorfqu'un homme fous le nom
de prêtre, aura fçu lier fes intérêts aux prétendus intérêts d'un Dieu; quand fa haine ombrageufe pourra
faire fervir le nom de ce Dieu, qu'il ne manquera
pas de peindre jaloux & cruel, pour allumer la perfécution contre celui qui ne penfera pas comme lui,
ou pour parler plus exaétement, qui ne penfera pas

comme il veut que l'on penfe; malheur à vous & à vos fujets fi vous l'écoutez!

Souverains du monde, celui qui fait luire indiftinctement fon foleil fur les contrées orthodoxes & fur les contrées hérétiques; celui qui laiffe également tomber la rofée féconde fur leurs champs, ne vous dit-il pas avec affez d'évidence & de force, combien il doit vous être indifférent par quels hommes elles foient peuplées, par quels bras elles foient cultivées, c'eft à vous de les protéger tous; c'eft à vous à animer leurs travaux, c'eft à vous à encourager leur industrie & leurs vertus. C'eft à lui à lire au fond de leurs cœurs & à les juger. Rend-il les meres des Calviniftes ftériles, ou étouffé-t-il l'enfant dans le fein des meres Luthériennes, lorsqu'elles font fécondes? Comment ofez-vous donc condamner à l'exil, à la mort, à la mifere pire qu'elle, celui à qui le Souverain des Souverains votre pere & le leur, permet de vivre & de profpérer? Parcequ'on n'aura pas célébré la meffe & chanté Vépres dans un canton, les productions du fol en feront-elles moins abondantes, moins précieufes & moins utiles. Ah! de quelle étrange manie étes-vous tourmentés Meffieurs les Empereurs & Rois?..

Un autre Philosophe *un peu goguenard.*

Qui liroit l'article *Intolérance* dans le grand Dictionnaire Encyclopédique; qui liroit enfuite le livre de la *Tolérance*, compofé à l'occafion de l'affreux affaffinat de Jean Calas, citoyen de Touloufe, & qui après cela auroit l'impudence d'admettre la perfécu-

tion en matiere de Religion, je comparerois hardiment
cet homme à Ravaillac.

. Je réfléchis toujours que la premiere loi de l'Empire de Ruffie, plus grand que l'Empire Romain,
eft la tolérance de toute fecte. Je fonge que dans
toute l'Amérique Angloife, ce qui fait à peu-près le
quart du monde connu, la liberté entiere de conf-
cience eft établie; pourvu qu'on y croye un Dieu,
toute religion y eft bien reçue.

Je fuis bon homme, moi; je voudrois fouper avec
un Quaker, un Anabatifte, un Socinien, un Muful-
man, &c. Je voudrois pouffer plus loin l'honnête-
té, je dirois à mon frere le Turc: mangeons enfemble une bonne poule au riz en invoquant *Allah;* ta
religion me paroît très refpectable, tu n'adores qu'un
Dieu, tu es obligé de donner en aumônes tous les
ans le denier quarante de ton revenu, de te récon-
cilier avec tes ennemis, le jour du Baïram. Nos bi-
gots qui calomnient la terre, ont dit mille fois, que
ta religion n'a réuffi que parcequ'elle eft toute fen-
fuelle. Ils en ont menti, les pauvres gens, ta réli-
gion eft très auftere; elle ordonne la prierre cinq
fois par jour, elle impofe le jeune le plus rigou-
reux, elle te défend le vin & les liqueurs que nos
Directeurs & nos Prédicants favourent, & fi elle
ne permet que quatre femmes à ceux qui peuvent
les nourrir (ce qui eft bien rare) elle condamne par
cette contrainte l'incontinence juive qui permettoit dix-
huit femmes à l'homicide David, & trois cents à Salo-
mon, l'affaffin de fon frere, fans compter les concubines.

DE L'AUTRE MONDE. 115

Je dirois à mon frere le Chinois: foupons enfemble fans cérémonies, car je n'aime pas les fimagrées, mais j'aime ta loi, la plus fage de toutes, & peut-être la plus ancienne. J'en dirois à peu près autant à mon frere l'Indien.

Mais que dirois-je à mon frere le Juif? lui donnerois-je à fouper? Oui, pourvu que pendant le repas, l'âne de Balaam ne s'avife pas de braire; qu'Ezéchiel ne mêle pas fon déjeûner avec notre fouper; qu'un poiffon ne vienne pas avaler quelqu'un des convives, & le garder trois jours dans fon ventre; qu'un ferpent ne fe mêle pas de la converfation pour féduire ma femme; qu'un Prophête ne s'avife pas de coucher avec elle après fouper, comme fit le bon homme Ofée pour quinze francs & un boiffeau d'orge; furtout qu'aucun Juif ne faffe le tour de ma maifon en fonnant de la trompette, ne faffe tomber les murs & ne m'égorge moi, mon pere, ma mere, ma femme, mes enfans, mon chat & mon chien, felon l'ancien ufage des Juifs. Allons, mes amis, la paix; difons notre *benedicite*; bon appétit que je vous fouhaite!

Encore UN AUTRE PHILOSOPHE *de meme farine.*

Bravo! bravo! Compère! comme vous je pouffe de rire quand j'entends un révérend pere Capucin me dire: " Quoi! monftre, qui feras brûlé à tout „ jamais dans l'autre monde & que je ferai brûler „ dans celui-ci dès que je le pourrai, tu as l'info- „ lence de lire Voltaire qui eft mis à *l'index* à Ro- „ me? Quand je te prechois de la part de Dieu que „ Samfon avoit tué mille Philiftins avec une mâchoi-

,, re d'âne, ta tête plus dure que l'arfenal dont Sam-
,, fon avoit tiré fes armes, m'a fait connoître par un
,, léger mouvement de gauche à droite, que tu
,, n'en croyois rien. Et quand je difois que le Dia-
,, ble Asmodée qui tordit le cou par jaloufie aux
,, maris de Saraï chez les Medes, étoit enchaîné dans
,, la haute Egypte, j'ai vu une petite contraction de
,, tes levres, nommée en latin de cuifine, *cachin-*
,, *nus*, me fignifier que dans le fond de l'ame l'hif-
,, toire d'Asmodée t'étoit en dérifion."

" Et vous, Ifaac Newton, Fréderic *le grand*,
,, Electeur de Brandebourg & Roi de Pruffe; Jean
,, Locke, Impératrice de Ruffie, victorieufe des Ot-
,, tomans; Jean Milton, fage Roi de Suéde; Shakes-
,, pear, augufte maifon de Brunswick; Leibnitz,
,, Tillotfon, Voltaire, Empereur de la Chine, Em-
,, pereur du Japon, Roi de Siam; Parlement d'An-
,, gleterre, Confeil du Grand-Mogol, vous tous en-
,, fin qui ne croyez pas un mot de ce que j'ai en-
,, feigné dans mes cahiers de Théologie, je vous dé-
,, clare que je vous regarde tous comme des payens
,, ou comme des commis de la douane, c'eft la mé-
,, me chofe. Vous étes des fcélérats endurcis; vous
,, irez tous dans la gehenne où le ver ne meurt point,
,, & où le feu ne s'éteint point; car j'ai raifon, &
,, vous avez tous tort; car j'ai la grâce & vous ne
,, l'avez pas; je confeffe trois dévotes de mon quartier,
,, & vous n'en confeffez pas une. J'ai fait des Mande-
,, mens d'Evéques, & vous n'en avez jamais fait; j'ai
,, dit des injures de halle aux philofophes, & vous

,, les avez protégés, ou imités, ou égalés; j'ai fait
,, de pieux libelles diffamatoires, farcis des plus in-
,, fames calomnies, & vous ne les avez jamais lus. Je
,, dis la messe tous les jours en *latin* pour douze sous,
,, & vous n'y affistez pas plus que Ciceron, Caton,
,, Pompée, César, Horace & Virgile n'y ont affisté;
,, par conséquent vous méritez qu'on vous coupe le
,, poing, qu'on vous arrache la langue, qu'on vous
,, mette à la torture, & qu'on vous grille sur le feu;
,, car Dieu est miséricordieux &c. &c. &c."

Avec de telles maximes, avouez, Compère, qu'il
y a plaisir à vivre avec les Capucins.

UN AUTRE HOMME, *d'une autre farine.*

Avec vos Capucins & vos Compères, & vos Compères & vos Capucins, Messieurs, il me paroît que
vous voulez rire. C'est affûrément bien permis en
ce pays où il n'y a ni Comédie, ni Opéra, ni bal.
Mais la fin du compte! Les Protestans ons-ils des tem-
ples, des Ministres en France? voilà ce qui m'inté-
resse: pour le reste, *vogue la galere!* Messieurs les
gens d'esprit, parlez, répondez:

Un précédent goguenard PHILOSOPHE.

Mon ami, si vous êtes curieux, montez là-haut:
allez voir ce qui s'y passe!

L'HOMME PRÉCÉDENT.

Je vous entends: l'affaire des malheureux Protestans
est tombée dans l'eau. Mais, de grace, rendez-moi raison:
les lettres de cachet, la Bastille où mon pere est mort,
comment ça va, malheureux, qui étez dans l'Enfer
comme moi! je suis intéressé à savoir ce qui se passe!

UN DES PRÉCÉDENS PHILOSOPHES, *goguenard.*

Si votre pere eft mort à la Baftille, il a été enterré, bien fûr : & au cimetiere de St. Paul-la-Paroiffe,
ou de la Paroiffe St. Paul, encore très fûr. Au-lieu
de Prêtres, des guichetiers ont porté fon cadavre,
& les membres de l'Etat Major ont affifté à la fépul-
ture à quatre heures du matin ; n'étez-vous pas content ? Le Dictionnaire Encyclopédique enfermé par
ordre de Louis XV à la Baftille, y pourrit encore.
Votre pere a été enterré en terre fainte ; n'eft-ce pas
affès ? fi on l'eut jetté à la voirie, feriez-vous plus
content ? Admirez avec moi, mon ami, l'honêteté
de ces Meffieurs Gouverneurs, Commandants de ce
royal château ! On eut pu pendre votre pere à la
Baftille, comme on y a pendu jadis le trifayeul du
Maréchal de Biron, Colonel des Gardes-Françoifes,
qui a trente fept bleffures fur le corps. Il été enterré ; on lui a donné de *l'eau* bénite ; il a reçu, fans
doute, fes facremens du grand Aumonier Irlandois,
Macbride ; on lui a fait la barbe avant de partir, &
c'eft M. Cocq qui la lui a coupée ; un porte-clef
Périgourdin, gros comme un bœuf, mais charmant
garçon. qui m'a porté la béquée à moi qui vous parle, pendant trois mois, lui a donné fa robe d'été,
fa robe d'hiver ; confolez-vous, mon enfant, confolez-vous !

L'HOMME PRÉCÉDENT.

Mais dites-moi ce que c'eft que la Baftille ? ce
qu'elle renferme, ce qu'elle a renfermé ?

L'Autre Homme.

Mon ami, fi vous étes fi curieux, lifez le TABLEAU DE PARIS: M. Mercier vous l'apprendra. Mais ne lui parlez pas du *masque de fer*, car il n'en fait rien, non plus que tout le monde. Il vous dira d'après un autre (Saint-Foix) que *c'eſt un château qui, ſans être très fort, eſt le plus redoutable de l'Europe.*

Il vous dira d'après lui-même, non ce qui s'eſt paſſé de plus intéreſſant, de plus curieux, de plus fingulier dans ſes murailles, car il n'en fait encore rien, non plus que moi; mais il vous informera que rien ne tranſpire de ce gouffre, non plus que de l'abyme muet des tombeaux.

Il vous apprendra qu'Henri IV fit garder le tréfor royal à la Baſtille; que le Duc de Guiſe, maître de Paris en 1588, le fut auſſi de la Baſtille & de l'Arſenal; qu'il en fit Gouverneur Buſſy-le-Clerc, Procureur au Parlement; que Buſſy-le-Clerc ayant inveſti le Parlement qui réfuſoit de délier les François du ferment de fidélité & d'obéiſſance, conduiſit à la Baſtille Préſidents & Conſeillers, tous en robe rouge & en bonnet quarré; que là il les y fit jeuner au pain & à l'eau.

Voulez-vous, mon ami, une anecdote curieuſe, (non, par ma foi, elle n'eſt pas trop curieuſe à ſavoir, elle eſt *peinante*, très poignante) la voulez-vous? . . Et bien! je vous la copierai mot-à-mot de M. Mercier: ouvrez vos oreilles, bien grandes!

" A l'avénement de Louis XVI au trône, des Mi-
„ niſtres nouveaux & humains firent un acte de juſti-
„ ce & de clémence, en réviſant les régiſtres de

„ la Baſtille , & en élargiſſant beaucoup de priſon-
„ niers.

„ Dans leur nombre étoit un vieillard qui, depuis
„ quarante-ſept années, gemiſſoit entre quatre épaiſſes
„ & froides murailles. Durci par l'adverſité qui for-
„ tifie l'homme , quand elle ne le tue pas, il avoit
„ ſupporté les horreurs de la captivité avec une
„ conſtance mâle & courageuſe. Ses cheveux blancs
„ & rares avoient acquis preſque la rigidité du fer,
„ & ſon corps plongé ſi long-tems dans un cercueil
„ de pierre, en avoit contracté, pour ainſi dire, la
„ fermeté compacte.

„ La Porte baſſe de ſon tombeau tourne ſur ſes
„ gonds eſtrayans , s'ouvre, non à demi, comme
„ de coutume, & une voix inconnue lui dit qu'il
„ peut ſortir.

„ Il croit que c'eſt un rêve. Il héſite, il ſe leve,
„ s'achemine d'un pas tremblant, & s'étonne de
„ l'eſpace qu'il parcourt. L'eſcalier de la priſon, la
„ ſalle , la cour , tout lui paroît vaſte, immenſe,
„ preſque ſans bornes. Il s'arrête comme égaré &
„ perdu ; ſes yeux ont peine à ſupporter la clarté du
„ grand jour ; il regarde le ciel comme un objet nou-
„ veau ; ſon œil eſt fixe ; il ne peut pas pleurer.
„ Stupéfait de pouvoir changer de place , ſes jam-
„ bes, malgré lui, demeurent auſſi immobiles que ſa
„ langue. Il franchit enfin le redoutable guichet.

„ Quand il ſe ſentit rouler dans la voiture qui de-
„ voit le ramener à ſon ancienne habitation, il pouſ-
„ ſa des cris inarticulés ; il ne put en ſupporter le
„ mou-

„ mouvement extraordinaire, il fallut le faire des-
„ cendre.

„ Conduit par un bras charitable, il demande la
„ rue où il logeoit. Il arrive; sa maison n'y est plus;
„ un édifice public la remplace. Il ne reconnoît ni le
„ quartier, ni la ville, ni les objets qu'il y avoit vus
„ autrefois. Les demeures de ses voisins, emprein-
„ tes dans sa mémoire, ont pris de nouvelles for-
„ mes. En vain ses regards interrogerent toutes les
„ figures; il n'en vit pas une seule dont il eut le
„ moindre souvenir.

„ Effrayé, il s'arrête & pousse un profond sou-
„ pir. Cette ville a beau être peuplée d'êtres vivants,
„ c'est pour lui un peuple mort; aucun ne le con-
„ noît, il n'en connoît aucun: il pleure & regrette
„ son cachot.

„ Au nom de la Bastille qu'il invoque & qu'il
„ réclame comme un asyle, à la vûe de ses habille-
„ ments qui attestent un autre siecle, on l'environne.
„ La curiosité, la pitié s'empressent autour de lui:
„ les plus vieux l'interrogent, & n'ont aucune idée
„ des faits qu'il rappelle. On lui amene par hasard
„ un vieux domestique, ancien portier, tremblant
„ sur ses genoux, qui, confiné dans sa loge depuis
„ quinze ans, n'avoit plus que la force suffisante
„ pour tirer le cordon de la porte.

„ Il ne reconnoît pas le maître qu'il a servi: mais
„ il lui apprend que sa femme est morte, il y a tren-
„ te ans, de chagrin & de misere; que ses enfants
„ sont allés dans des climats inconnus; que tous ses

F

„ amis ne font plus. Il fait ce récit cruel avec cet-
„ te indifférence que l'on témoigne pour les événe-
„ ments paffés & prefque effacés.

„ Le malheureux gémit feul. Cette foule nom-
„ breufe, qui ne lui offre que des vifages étrangers,
„ lui fait fentir l'excès de la mifere plus que la fo-
„ litude effroyable dans laquelle il vivoit.

„ Accablé de douleur, il va trouver le Miniftre
„ dont la compaffion généreufe lui fit préfent d'une
„ liberté qui lui pefe. Il s'incline & dit : *Faites-*
„ *moi reconduire dans la prifon dont vous m'avez*
„ *tiré. Qui peut furvivre à fes parens, à fes amis,*
„ *à une génération entiere ? Qui peut apprendre le*
„ *trépas univerfel des fiens fans defirer le tombeau ?*
„ *Toutes ces morts, qui, pour les autres hommes,*
„ *n'arrivent qu'en détail & par gradation, m'ont*
„ *frappé dans un même inftant. Séparé de la fo-*
„ *ciété, je vivois avec moi-même. Ici, je ne puis*
„ *vivre ni avec moi, ni avec les hommes nouveaux,*
„ *pour qui mon défefpoir n'eft qu'un rêve. Ce n'eft*
„ *pas mourir qui eft terrible, c'eft mourir le der-*
„ *nier.*"

Le Miniftre s'attendrit. On attacha à cet infortuné le vieux portier qui pouvoit lui parler encore de
fa femme & de fes enfants. Il n'eut d'autre confolation que de s'en entretenir. Il ne voulut point
communiquer avec la race nouvelle qu'il n'avoit pas
vu naître ; il fe fit au milieu de la ville une efpece
de retraite non moins folitaire que le cachot qu'il
avoit habité près d'un demi-fiecle ; & le chagrin de

ne rencontrer personne qui pût lui dire, *nous nous sommes vus jadis*, ne tarda point à terminer ses jours.

L'HOMME PRÉCÉDENT.

O Bastille! ton nom, ton seul nom doit faire tréfaillir d'horreur & d'effroi notre dernière génération! O exécrables lettres de cachet! vous enlevez, vous transportez un homme dans un cachot & l'y laissez pourrir le reste de ses jours! O cruauté! ô barbarie! ô férocité! O Crocodiles! ô Léopards! ô Tigres!

UN AUTRE NOUVEAU DÉBARQUÉ,

Oui, voisin, quelle infamie que ces lettres de cachet; & surtout quelle horreur que cette Bastille! c'est bien l'enfer de l'autre monde. Mais Lous XVI n'est pas Louis XI; l'un est aussi humain que l'autre étoit barbare. . . Comment donc conserve-t-on sous l'humanité du premier, le régime inventé par la tyrannie du dernier? Comment sous un Prince à qui l'équité est chere & le sang des hommes précieux, les sujets sont ils exposés aux mêmes catastrophes, que sous celui pour qui les exécutions étoient un spectacle délicieux, & qui appelloit le bourreau son *compere!*

LE PRÉCÉDENT NOUVEAU DÉBARQUÉ.

Oh, voisin! Le bon Louis XVI ne fait pas tout. Il ignore que dans les vûes de l'instituteur primitif, cette effroyable Bastille avoit un objet, celui de se défaire sans bruit & sans éclat, des hommes pour l'assassinat de qui le bourreau lui auroit refusé son Ministere; il ignore encore le *bon* roi que ce lieu infernal soit encore, aujourd'hui, sous le regne du meilleur des Princes, expressément destiné à déchirer les ames, à rendre *la vie dure.* S'il le favoit, comment pourroit-il contenir, étouffer les mouvemens d'une jufte indignation?

Le régime de cet enfer de l'aure monde, voifin, eft horrible; il ne reffemble à rien de ce qui s'eft jamais pratiqué, ou fe pratique aujourd'hui parmi des humains. Si dans les rélations de ces voyages qu'une effervefcence paffagere a tant multipliés, ces dernies tems, on lifoiz qu'aux terres *Auftrales,* dans quelques-unes des Ifles que la nature fembloit avoir cachées au refte du monde, il exifte un nation légere, douce, frivole même par effence; dont le gouvernement n'eft point fanguinaire; où les affaires les plus férieufes prennent toujours une tournure plaifante; & dans la capitale de laquelle cependant on conferve avec foin un abyme, où tous les citoyens fans exception peuvent être à chaque inftant précipités; où en effet on en précipite journellement quelques-uns fur des ordres dont il n'eft poffible ni d'éviter le coup ni d'efpérer l'examen, ni fouvent de pénétrer le motif ou le prétexte; que l'infortuné, ainfi évanoui, fe trouve féparé du monde entier, plus éloigné de fes parens, de fes amis & furtout de la juftice, que s'il étoit transféré dans une autre planete; que fes reclamations font étouffées fans reffource, ou du moins n'ont qu'un feul canal pour fe produire au dehors, & c'eft précifément celui qui eft intéreffé à les fupprimer, en raifon de ce que leur motif, c'eft-à-dire, l'oppreffion qui les néceffite, eft plus grave & plus palpable: Qu'il eft abandonné au moins très longtems fans communication avec qui que ce foit, au tour-

ment d'ignorer ce qui fe paffe au dehors, ce que
deviennent fa famille, fa fortune, fon honneur, &
de quoi on l'a accufé, & de quoi l'accufera, & quel
fort on lui referve: tourment dont une folitude fans
aucune efpéce de diftraction rend à chaque minute
les aiguillons plus vifs, & la fenfation plus profonde: qu'il n'a d'autre caution de la fûreté de fa vie que
la délicateffe de fes gardiens, qui, malgré le figne
d'honneur attaché à leur vêtement, étant capables pour
de l'argent de s'avilir jufqu'à fe rendre fur un ordre
arbitraire de lâches fatellites, ne répugneroient pas,
fans doute, à fe charger d'un miniftere plus lâche
encore, & plus barbare fi on l'exigeoit d'eux au même titre; qu'ainfi il peut très raifonnablement voir la
mort dans chaque aliment qu'on lui fert; qu'à chaque fois qu'on ouvre fa porte, le cri lugubre des
verroux qui la chargent, peut lui paroître le précur-
feur d'un arrêt de mort, & le fignal de l'arrivée des
muets deftinés à l'exécuter; fans que le fentiment de
fon innocence, ou l'équité du Prince foit pour lui
un motif de tranquillité, puifque la premiere furpri-
fe faite à celle-ci peut être fuivie d'une feconde;
puifqu'on a fur fa vie le même droit que fur fa liberté; puifque les mêmes mains qui fe prêtent à l'af-
faffiner moralement mille fois par jour en vertu d'une
lettre-de-cachet, ne le refuferoient pas, fans doute,
à le tuer phyfiquement une fois, d'après la même
autorifation; & que dans un lieu où tout eft douleur
& myftere, il n'y a pas d'attentats qui ne puiffent
être commis & cachés avec la même facilité: que s'il

F 3

conferve fa fanté, elle n'eft qu'un fupplice de plus,
parceque fa fenfibilité eft plus vive, & fes privations
plus douloureufes; fi elle fuccombe, comme il arrive prefque toujours, le régime de la maifon qui ne
change point, le livre fans fecours, fans confolation
à l'idée horrible qu'il ne peut échapper; qu'il va
laiffer fa famille malheureufe, fa mémoire compromi-
fe, que fa cendre fera privée des derniers tributs pa-
yés par fa tendreffe aux objets qu'elle a perdus; que
fa fin fera, peut-être, ignorée; que fa femme, fes
enfans abufés, feront encore des vœux & des efforts
pour fa délivrance, longtems après que le tombeau
où il a été enfeveli vivant, ne confervera plus que
fes offemens décharnés.

Si un pareil tableau, voifin, fe trouvoit dans les
voyages de *Cooke*, ou de l'Amiral *Anfon*, quelle im-
preffion produiroit-il? Ne prendrions-nous point le
peintre pour un impofteur; ou bien, en nous applau-
diffant de vivre dans des contrées exemtes d'une pareille fervitude, ne concevrions-nous pas un mépris
mêlé d'horreur pour un gouvernement fi barbare, &
une nation fi avilie? —— Hélas! c'eft celui de la
Baftille; & qu'il eft encore au deffous de vérité!
Qu'il eft loin de rendre ces tortures de l'ame; ces
convulfions prolongées, cette agonie perpetuelle qui
éternife les douleurs de la mort, fans jamais en amener le repos; enfin tout ce que les atroces geoliers
de la Baftille peuvent faire fouffrir, & ce que perfonne ne peut peindre!

Au tour de cet autre *Tartare* font élévées des remparts plus impénétrables que tous les châteaux magiques dont l'imagination a jamais peuplé les romans. Lorsqu'un nouveau commensal arrive pour être jetté dans la *Foſſe aux Lions* de la moderne *Babylone*, inacceſſible même aux meſſagers céleſtes & aux conſolations qui pénétroient quelquefois dans celle de l'ancienne ; la premiere opération, c'eſt de le fouiller ; c'eſt la *priſe* de *poſſeſſion.*

On lui ôte *argent*, *ciſeaux*, *couteau*, *boucles*, *montre*, &c., de peur qu'il n'aſſaſſine les *Dragons* prépoſés à la perpetuelle garde de l'infernale *Foſſe.* La loge de cette barbare ménagerie *humaine* dans laquelle on vous entraîne n'a qu'un ſoupirail fermé par trois grilles de fer, l'une en dedans, l'autre au milieu de la muraille, & la troiſieme en dehors. Les différens barreaux ſe croiſent de maniere à ne laiſſer à la vue qu'un paſſage de deux pouces. . . . .

Je m'arrête. . ., & je termine cet affreux tableau qui briſe, qui déchire l'ame, voiſin ; eh ! —— *Quis talia fando, temperet a lacrimis ?* Que les gibets, les buchers, la hache des bourreaux, ſont bien préférables aux tortures qu'on endure dans le ventre de ce nouveau *Taureau* de *Phalaris (a)* !

_____

(a) Tyran *d'Agrigente* qui ſe ſignala par ſa cruauté. S'étant emparé de cette ville la II. année de la LII. Olympiade, l'an 571 avant J. C. il chercha tous les moyens de tourmenter les citoyens. —— *Pérille*, artiſte cruellement induſtrieux, ſéconda la fureur de *Phalaris*, en inventant un *Taureau d'airain*, dans lequel on enfermoit un malheureux, qui, conſumé par l'ardeur du feu qu'on allumoit deſſous,

L'Anti-Précédent nouveau Débarqué.

Mais, dites donc, voisin, la Bastille est-elle un des fondemens du trône de Louis XVI? Est-ce une des dépendances de sa couronne dont-il ne lui soit pas permis de changer la constitution?

L'Autre nouveau Débarqué,

Je ne parle plus: je me tais, voisin: A d'autres!

---

jettoit des cris qui, sortant de cette horrible machine, ressembloient aux mugissemens d'un bœuf.

L'Auteur de cette cruelle invention, en ayant demandé la récompense, *Phalaris* le fit brûler le premier dans le ventre du *Taureau*.

Enfin, les *Agrigentins* se révoltèrent & y brûlèrent *Phalaris* lui-même, en la IV. année de la LIV. Olympiade, l'an 561 avant J. C.

www.ingramcontent.com/pod-product-compliance
Lightning Source LLC
Chambersburg PA
CBHW071825090426
42737CB00012B/2180